はじめに

　平成37年（2025年）には団塊の世代すべてが75歳以上になります。生産年齢人口は減少し、介護職等の専門職をはじめ支え手が大幅に不足することが危惧される中、急増する高齢者をどう支えていくかが課題となっています。一方、そうした人口構成の変化への対応としてだけではなく、すべての人が住み慣れた地域で、地域住民の一員として最期まで自分らしく安心して過ごせる地域包括ケアの視点でのまちづくりが展開されていくことが期待されます。

　平成26年の介護保険法改正において、平成29年4月までに要支援者への予防給付が、介護保険を財源に市町村が地域の実情に応じて取組む地域支援事業に移行されることになりました。厚生労働省からは介護予防・日常生活支援総合事業（以下、新しい総合事業）として「現行の介護サービス」に加え、多様なサービスとして「緩和した基準によるサービス（サービスA）」「住民主体による支援（サービスB）」「短期集中予防サービス（サービスC）」「移動支援（サービスD）」が示されています。

　東京都社会福祉協議会では「改正介護保険対応プロジェクト」を設置し、区市町村における介護保険事業所、NPO、ボランティア団体、社会福祉法人等の多様な主体による生活支援サービスのあり方や可能性を検討するとともに、社協、地域包括支援センター、民生児童委員等のネットワークを活かした支援体制の構築、住民主体の活動の推進に向けた提案の検討を行ってきました。

　本書では、新しい総合事業に移行した自治体の取組みや、住民主体による生活支援の取組み、新たな支え手を育成している取組みを掲載しています。ヒアリングの中で、総合事業への早期移行や住民主体の活動の好事例からは、次のようなポイントが明らかになりました。

　1点目は、地域住民や自治体が「地域の課題」を把握した上で共有し、将来への長期的視点を持ってその課題解決に向け取組んでいることです。2点目は、既存の住民活動を新しい総合事業として位置づけたり、住民から新たな担い手を養成する取組みを通して、地域課題の解決に向けて「住民を主体とした活動」を推進していることです。3点目は住民の気持ちに寄り添いながら「活動をサポートするコーディネーター」の存在や丁寧なかかわりが重要であることです。

　また、本書では「新しい総合事業」と同様に区市町村が主体的に実施する「在宅医療・介護連携推進事業」に向けた取組み事例を第3章に紹介しています。

　これらの新たな地域支援事業をきっかけに地域と専門機関との結びつきが強まり、安定性と継続性を備えた住民主体の活動によって、住民同士の自然な助け合いがはぐくまれれば、誰もが住みやすいまちづくりへの可能性は一層、広がっていくことでしょう。

　本書を監修してくださった太田貞司先生、ヒアリングにご協力いただいた皆様に深く感謝いたします。

東京都社会福祉協議会　事務局長　小林秀樹

新しい総合事業の推進のための取組み事例集
～専門機関と協働した住民主体の地域づくりと介護保険～

目　　次

第1章　新たな地域支援事業の充実に向けて

① 住民の活動を把握し、協働を創り出す ……………………………………………………… 6
　　太田 貞司（神奈川県立保健福祉大学　名誉教授／日本介護福祉学会　会長）

② 新しい総合事業の推進のための取組み事例集　ヒアリング事例のポイント ………… 10

第2章　住民主体の生活支援・支えあい活動の実践事例

1　新しい総合事業への移行

① 社協活動やミニデイのうち、賛同を得られた団体等を新しい総合事業へ移行 …… 14
　　東京都　西東京市

② 「自立支援サービス」を創設 ……………………………………………………………… 24
　　東京都　千代田区

③ 独自の基準で緩和型・短期集中型を実施 ……………………………………………… 30
　　東京都　稲城市

④ 全世代対象の拠点づくりを見据えて ……………………………………………………… 36
　　東京都　江戸川区

2　住民と専門機関との協働

⑤ みんなの居場所　こまじいのうち ………………………………………………………… 42
　　東京都　文京区　こまじいのうち

⑥ 『食』を通して地域をささえるコミュニティ食堂 ………………………………………… 50
　　東京都　武蔵野市・武蔵野市桜堤ケアハウス

⑦ 陸の孤島を住民が支える …………………………………………………………………… 60
　　神奈川県　横浜市　ドリームハイツ

3　新たな支え手の育成

- ⑧　住民を地域福祉の担い手として育てる …………………………………… 70
  東京都　三鷹市・三鷹市社協
- ⑨　市民の支え手を育てる …………………………………………………… 80
  神奈川県　鎌倉市　高齢者生活支援サポートセンター事業

第3章　在宅医療・介護連携推進事業の実践事例

- ①　顔の見える多職種連携の推進と地域包括支援センターによる在宅療養相談窓口 …… 88
  東京都　府中市　在宅療養環境整備推進協議会
- ②　区民に実用的な福祉と医療の連携のしくみを ………………………………… 94
  東京都　世田谷区
- ③　本人・家族の意向が主体性をもつ連携 ………………………………… 108
  東京都　荒川区　在宅療養連携推進会議
- ④　総合サポートとしての視点　かがやきプラザ ………………………… 114
  東京都　千代田区

東社協「改正介護保険対応プロジェクト」設置要綱 ………………………………… 122

第1章

新たな地域支援事業の充実に向けて

1 住民の活動を把握し、協働を創り出す

神奈川県立保健福祉大学名誉教授／
日本介護福祉学会会長　太田　貞司

（1）「地域包括ケアシステム」と「新しい総合事業」

　「地域包括ケアシステム」の構築が医療や介護などの国の重要な政策課題となり、2000年に誕生した介護保険制度は大きく変わろうとしています。その構築の責任は区市町村に任されていますが、「地域包括ケアシステム」を地域に合わせ具体的にどう考え、どう創り上げるのか、また、地域住民や社会福祉法人や事業者の役割をどう考えたらよいのかが課題です。しかも、従来の要支援者への支援に代わって創設された「新しい総合事業」には、地域のボランティア活動も取込むなど自治体が独自に決めるしくみが盛り込まれています。住民活動の自発性と事業性の2面が求められ、とくにサロンなど住民活動を基盤とする「住民主体による支援（サービスB）」の運営にはそれが強く求められています。実際の運営は容易ではないでしょう。住民活動と事業者・専門職、専門家との関係、そしてまたそこでの住民活動自体の意味が問われているように思います。住民活動を把握し、協働を創り出すことが大切です。

介護保険法による新たな地域支援事業

新しい総合事業 対象：要支援1、2、それ以外の方 (1)介護予防・生活支援サービス事業 　・訪問型サービス　・生活支援サービス（配食等） 　・通所型サービス　・介護予防支援事業（ケアマネジメント） (2)一般介護予防事業	要支援者に対する新しい総合事業を2017年4月までに全市町村で実施
新しい包括的支援事業 (1)在宅医療・介護連携の推進 (2)認知症施策の推進 (3)生活支援サービスの体制整備	2018年4月までに全市町村で実施

(2) 新しい総合事業の推進

　第2章では、新しい総合事業に移行した自治体の取組みや、住民主体による生活支援の取組み、新たな支え手を育成している取組みの9事例を掲載しています。次の「ヒアリング事例のポイント」で紹介しているように、新しい総合事業の推進のためのポイントを下記のように整理してみました。

> **事例から見える新しい総合事業推進のためのポイント**
> ポイント①　地域課題の把握し、それを広く共有する
> ポイント②　住民活動を促進するとともに、共有した課題を解決する新たな活動を創出する
> ポイント③　住民活動を促進するために、コーディネーターが積極的にかかわる

　「新しい総合事業」を推進するためには、まずは、自治体や住民自身が地域課題を把握し、さまざまな団体が参画する協議体等で共有することが第一歩です。そして、把握した地域課題を解決するために、既存の住民活動を把握し、「新しい総合事業」への移行を検討したり、総合事業の対象者にも案内する等、活動を広げる工夫をしています。また、生活支援コーディネーター等が住民活動を把握したり、新たな活動を生み出す際に寄り添いながらかかわることが大切です。

(3)「杉並老後をよくする会」が創り上げてきたもの

　住民活動を考えるうえで参考になるのが「杉並老後を良くする会」（以下「会」）の取組みです。会は、1972年に東京都杉並区の地域の90人が集まり誕生しました。その活動はまず「地域を知ること」から始まり、一人暮らし、病気の高齢者の自宅を訪問し「困ったことは何か」を問いかけ、食事で困っていることを知りました。そして、1975年の区の食事サービスの実現に結びついていきます。父母の介護体験の仲間が「この指とまれ」の呼びかけで、「他人事ではない」と集まり、地域問題として食事の問題があることを知って、地域活動を先駆的に始めました。

　そして1978年に「社団法人友愛の灯協会」を設立（2010年解散、同年NPO法人友愛ヘルプ・NPO友愛サポートセンター）しました。公的ホームヘルプサービスがあまりにも不十分であり、1981年から有償で家事・介護を行ったことに始まったのがのちの「友愛ヘルプ」でした。また、当時は斬新な考え方だった小規模多目的施設の実現をめざし、1984年に「NPO法人新しい老人ホームをつくる会」（1999年NPO法人取得）を、1994年に「社会福祉法人サンフレンズ」を創設しました。そしてそこから"市民立"の特別養護老人ホーム、グループホーム等が生まれました。「会」の運営には、多くの研究者、専門家、専門職の参加、知恵と力がありました。

　「会」の河周子さんは「ボランティアをただ働きの労働力として位置づけるのはボランティアにとっては本意ではない。ボランティアが自発的・自主的に活動を継続できるのは、その活動が

創造的だからではないか」と話します。これは、「市民専門家（＝素人）」と専門家が作り上げてきた「地域包括ケアシステム」といえます（朝倉美江（「「市民力」でつくる地域包括ケアシステム」朝倉・太田編『地域包括ケアシステムとその変革主体』）。

（4）「地域包括ケアシステム」と「総合事業」

　たしかにこの政策には、医療・介護の社会保障「見直し」の側面があり、地域住民や事業者、そして区市町村の関係者にも戸惑いが見られます。しかし同時にこの政策には少子高齢社会・人口減少社会に向けた「まちづくり」の側面も見逃せません。つまり、以下の4つの"圧力"が、複雑に結びついていると言えるでしょう。

　①急性期医療の医療改革の受け皿づくりの"圧力"
　②介護保険制度による介護サービスの"定着"を背景にした地方自治体レベルでの長期ケアの再編の"圧力"
　③社会保障費削減・制度の持続可能性の"圧力"
　④新たな社会に向けた「まちづくり」推進の"圧力"

　医療や介護が「地域型」へ転換しようとしている中で、特に④の「まちづくり」推進の"圧力"が本当の力をもつのかが、とても大事なところだと思います。病院に代わる、「住み慣れた地域で自分らしい暮らしを人生の最後まで続ける」ことができる地域づくりにすすむのか、要支援高齢者等が住み慣れた地域で「日常生活を営む」ことができ、人生の最期をその人らしく迎えることができる地域づくりがすすむのか、と言ってもよいでしょう。しかし、それは同時に、効率的なシステムであることも要求されています。

　したがって、大事なところは、病院と地域の結びつきを強めて"退院支援のしくみづくり"の促進、また地域の医療と介護の協働の強化にとどまらずに、専門機関・事業者や専門職と地域住民との結びつきを強め、要介護者も家族介護者も"日常生活"を営むことができる協働のしくみづくりに向かうのかという点です。そしてさらにそれは、高齢者も家族介護者も、「地域住民の一員として」日常生活を営めるように支援し、さまざまな社会的な活動に参加できるようにする「まちづくり」の推進の共通理解とその実現、そしてまた、高齢者だけではなく、障がい者等も誰もが住みよい「まちづくり」の推進の共通理解とその実現にすすむのかだと思います。そのために「新しい総合事業」はどうあるべきか、議論が大事と思います。とくに大都市型の「新しい総合事業」のあり方が課題なのです。

（5）これからの介護職と住民との協働

　地域住民が地域社会における「介護」のあり方を地域の自分たちの課題と感じることができるためには、介護の現場で日々の実践を積み重ねている介護職がより一層、地域に目を向けた発信

をしていくことが必要です。利用者にとってのその人らしい生活への想いを理解し受けとめ、そして、その人の背景にある地域とのつながり、さらには同じ思いを抱えているかもしれない地域の誰かに想像力を働かせることが大切になります。

新しい総合事業や医療・介護の連携推進事業という新しい制度が始まるからではなく、福祉の専門職として住民との協働を作っていくことが、これからの介護職に求められてくるでしょう。

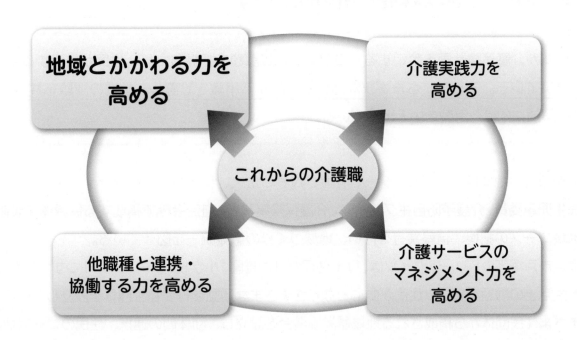

（6）政策と住民の活動

第2章で紹介している事例からは、地域住民の「体験・経験」から「地域の実状の共通理解」へ、また「仕組みをつくる」、「人を育てる」、「制度にする」、「足りない制度を乗り越える」などの展開の過程を学ぶことができます。この「新しい総合事業」をテコにして、次の時代を切り開くヒントがたくさんあります。各地の経験交流を通して学び合うことがとても大事です。

また、地域の自主的な活動を支援するため、「まちづくり」をすすめるために自治体の力量をアップすること、また「まちづくり」の要になってきた地域ケア会議に住民も参加するなどして、その機能をアップすること、さらに住民活動を支えるコーディネーターを育成し、その力量をアップすることがとても大事になります。そうした多くの力で、地域住民が継続性・安定性を持ちながら活動を継続できるようになるだろうと思います。

② 新しい総合事業の推進のための取組み事例集 ヒアリング事例のポイント

◆ ポイント①　地域課題の把握と共有

> 自治体が介護保険計画を策定するプロセスで地域課題を把握したり、住民が生活する中で気づいている。そして、さまざまな団体が参画する組織を設置し、地域の課題を共有し、その解決に向けた活動を生み出している。

- 稲城市は、地域包括支援センター、社協、ＮＰＯ法人、シルバー人材センター、老人クラブ、民生児童委員、介護予防自主グループ、介護保険事業者、自治会等で構成する協議体を設置し、地域ニーズの把握、情報共有を行い、地域づくりの意識統一を図っている。
- 横浜市戸塚区のドリームハイツは、団地住民が「幼稚園、小学校、スーパーが１つずつしかない」と生活上の課題を感じ、住民が中心となりさまざまな活動を行う福祉団体を設立している。さまざま住民団体から構成される地域運営協議会を設立し、団体間の連携、住民のニーズ把握等を行っている。
- コミュニティ食堂（武蔵野市）は、団地で暮らす高齢者の生活実態を把握するために、自治会と協働でアンケートを実施し、住民の困りごとを可視化している。
- 三鷹市・三鷹市社協は、住民団体や関係機関、行政機関等で構成する地域ケアネットワークを設立し、地域課題の検討、解決に向けた話し合い、サロン活動、訪問活動等を行っている。
- 鎌倉市の生活支援サポートセンター事業では、市や介護事業者、住民が今後の在宅の高齢者を支えるための方策を話し合い、課題整理している。

◆ ポイント②　住民活動の促進と創出

> 把握した地域課題を解決するため、既存の住民活動を新しい総合事業に移行したり、既存の活動を新しい総合事業対象者にも紹介している。また、住民から新たな担い手を養成したり、住民が主体的に新たな居場所づくりを展開している。

既存の活動を生かす取組み

- 西東京市は、既存の社協活動・住民活動を住民主体の活動に協力を求めている。

- コミュニティ食堂（武蔵野市）は、一般介護予防（テンミリオンハウス※等）を総合事業対象者にも案内している。
- 江戸川区は、全世代を対象とした地域拠点を中心に、既存の住民活動を生かしながら新たな担い手や活動を創出する計画を立てている。

新たな活動、支え手の育成

- 鎌倉市は、「生活支援サポートセンター事業」を実施し、住民を新たな担い手として育成している。
- 三鷹市・三鷹市社協は、地域福祉ファシリテーター養成講座を開催し、地域福祉の担い手を養成している。
- 文京区のこまじいのうちは、空き家を地域の居場所として開放し、多世代が集まる拠点づくりをしている。

ポイント③　住民活動を促進するコーディネーターのかかわり

> 住民活動にコーディネーターが積極的にかかわり、住民の想いに寄り添いながら住民活動を推進している。

- 文京区のこまじいのうちは、活動の初期から社協の地域福祉コーディネーター等がかかわり、関係団体への声かけ、プログラムの企画、組織体制づくり、スケジュールの調整を行っている。子育て団体、学生ボランティア、高齢者関係の団体等のさまざまな団体に声をかけたことで、多世代が参加する居場所になっている。
- コミュニティ食堂（武蔵野市）は、社会福祉法人が専門性を発揮し調理や相談やコーディネート機能を担うとともに、生活支援コーディネーターが住民と同じ目線でかかわり、住民ニーズを丁寧に把握している。
- 三鷹市・三鷹市社協は、地域福祉の担い手を養成する講座を開催している。社協や大学は参加者と継続的にかかわり、相談や社会資源の情報提供等、寄り添いながら支えている。

※テンミリオンハウス
　武蔵野市が、地域の福祉団体や地域住民に年間1千万円（テンミリオン）を上限に補助し、ミニデイサービスやショートステイ等、特色ある事業を展開。

第2章

住民主体の生活支援・支えあい活動の実践事例

1 新しい総合事業への移行

東京都　西東京市

1 社協活動やミニデイのうち、賛同を得られた団体等を新しい総合事業へ移行

POINT

① 平成28年4月から総合事業を開始するにあたり、訪問型サービスA・B・C、通所型サービスAを始める。

② 住民主体の訪問型サービス（以下、訪問型サービスB）や住民主体の通所型サービス（以下、通所型サービスB）は、これまで市や社協が関わってきた住民活動団体等への参画を促している。

③ 介護事業者や市民に丁寧に制度説明を行い、制度の理解と参画を促している。

事業のあらまし

　西東京市は、市独自基準の訪問型サービス（以下、訪問型サービスA）は身体介護を除く生活支援のみを人員体制などの基準を緩和して実施します。

　訪問型サービスAは、市独自の研修を開催し、研修修了者にも担ってもらえるようにしています。また、市独自基準の通所型サービス（以下、通所型サービスA）は現行の人員、設備、単価等の基準を一部緩和して実施します。

　訪問型サービスBはボランティアによる無料のサービスで、訪問型サービスAでは対応できない軽微なお手伝いを実施します。通所型サービスBはボランティアによるサロン活動で、利用者が行きたいときに自由に参加できる通いの場として、市や社協が関わってきた住民団体へ参画を促していきます。

　平成28年4月の総合事業の開始に向け、制度説明を行うなどして、介護事業者や住民に向け、理解と参画を促してきました。

西東京市役所

田無庁舎　住所　〒188-8666　西東京市南町五丁目6番13号
保谷庁舎　住所　〒202-8555　西東京市中町一丁目5番1号
TEL　042-464-1311
URL　http://www.city.nishitokyo.lg.jp/

西東京市の状況

　西東京市は、武蔵野台地のほぼ中央に位置しています。平成13年（2001年）に田無市と保谷市の合併により誕生し、日本で21世紀最初の新設合併による市です。

　緑豊かな自然があり、都心からのアクセスが良いことから、近年大型のマンションも建設され、都心で働く方のベッドタウンとして発展しています。平成26年4月には、「やさしさとふれあいの西東京に暮らし、まちを楽しむ」を基本理念とした第2次基本構想・基本計画がスタートしています。

　西東京市の人口は、平成27年に20万374人でピークを迎え、以後減少すると推計されています。平成37年（2025年）の総人口は、19万7,593人、65歳以上の高齢者人口は5万1,129人と推計されています。また、高齢化率は今後も上昇し続け、平成37年（2025年）には25.9％となると見込まれています。また、新しい総合事業の対象者となる要支援者は、平成27年10月現在約500名です。西東京市では、地域福祉を推進するためのさまざまなネットワークが活動しています（表2）。

【表1　西東京市の将来人口推計】

	平成26年	平成27年	平成28年	平成29年	平成32年	平成35年	平成37年
人口	198,026	200,374	199,925	199,622	199,603	197,990	197,593
0〜39歳	83,522	81,527	80,558	79,614	76,949	74,919	73,658
40〜64歳	69,364	70,689	71,042	71,445	72,951	72,694	72,806
65歳以上	45,140	48,158	48,325	48,563	49,703	50,377	51,129
高齢化率	22.8	24	24.2	24.3	24.9	25.4	25.9

西東京市高齢者保健福祉計画・介護保険事業計画（第6期）より

【表2　西東京市のネットワーク活動】

名称	エリア	目的
ほっとネット	日常生活圏域 4地域	地域課題を発見し、地域福祉コーディネーターを核として、人や機関をつなげ、解決に向けて取組んでいる。
ささえあいネットワーク	地域包括支援センター地区　8地域	高齢者の見守りの中で異変に気づいたら関係者へつないでいる。
ふれあいのまちづくり	小学校区 20地域	小学校通学区域を中心に住民懇談会等、地域に即した活動を行っている。
地域協議会	日常生活圏域 4地域	自治会・町内会の再生・活性化を行い、地域課題の解決に取組んでいる。

西東京市第3期地域福祉計画より抜粋

1 新しい総合事業への移行

🍀 西東京市介護予防・日常生活支援総合事業がスタート

　西東京市では、平成28年4月より総合事業が始まります。現行のサービス基準を緩和した訪問型サービスA、通所型サービスA、市や社会福祉協議会が関わってきた、住民主体の活動団体などへ制度の説明を行い、理解と参画を促しています。

　現在は開始に向け、市民、介護事業者、関係団体への説明を実施しています。訪問型サービスA、訪問型サービスB、短期集中予防サービス（以下、訪問型サービスC）、通所型サービスAを実施する予定です。新しい総合事業についての、市の基本方針は下記のとおりです。

🍀 西東京市の基本方針

- 高齢者が、住み慣れたまちで、いつまでも健康で自分らしく暮らし続けることができるように、既存のサービス提供事業者、地域住民、NPO、社会福祉法人、民間企業等と一体となって地域の支え合い体制づくりを推進します。
- 高齢者の多様なニーズに地域全体で答えることができるように、地域の実情にあわせたサービスの開発・提供の支援・調整を行います。
- 高齢者の生きがいづくり及び介護予防のために、支える側としての高齢者の社会参加を推進します。

西東京市のサービス類型

サービス類型		実施主体
訪問型	市独自基準の訪問型サービス（訪問型サービスA）	訪問介護事業者等
	住民主体の訪問型サービス（訪問型サービスB）	住民団体等
	短期集中予防サービス（訪問型サービスC）	市
	現行の予防訪問介護相当のサービス	訪問介護事業者
通所型	市独自基準の通所型サービス（通所型サービスA）	通所介護事業者等
	住民主体の通所型サービス（通所型サービスB）	住民団体等
	現行の予防通所介護相当のサービス	通所介護事業者
介護予防ケアマネジメント	原則的なケアマネジメント	地域包括支援センター
	初回のみのケアマネジメント	地域包括支援センター

訪問型サービス

(1) 市独自基準の訪問型サービス（訪問型サービスA）

　平成28年4月より、訪問型サービスAを実施します。サービス内容は、現行の介護予防訪問介護の生活援助と同等とし、身体介護は行いません。現行の訪問型サービスの人員基準等を緩和し、介護福祉士、介護職員初任者研修修了者等の他、市が実施する研修を受講した者でも従事可能としています。

　研修は、平成28年4月以降に実施し、受講生の募集は市が行います。研修を修了した方は、訪問型サービスAに従事できますが、この研修終了をもって、他のサービスや他市でのサービス提供をすることはできません。研修は、7時間を2日間程度、定員は毎回20名程度とし、18歳以上（高校生不可）市外在住者でも受講可能です。介護保険及び総合事業について、職業倫理、接遇・マナー、家事援助の方法、高齢者の疾病について、普通救命講習等を行います。

西東京市独自基準の訪問型サービスの研修

- 実施時間：7時間×2日程度
- 実施回数：3〜4回程度／年
- 定　　員：20名程度
- 受講資格：18歳以上（高校生不可）。市外在住も可。
- 実施内容：介護保険及び総合事業について、職業倫理、接遇・マナー、各援助の方法、高齢者の疾病について、普通救命講習等
- 実施方法：講義を中心とし、演習・ロールプレイングを交えて理解を深める

(2) 住民主体の訪問型サービス（訪問型サービスB）

　訪問型サービスBは、社協が実施しているふれまち助け合い活動の一部に担っていただく予定です。現在、ふれまち助け合い活動コーディネーター等へ説明し、調整中です。

　また、西東京市では、平成28年4月より、介護支援ボランティアポイント制度を開始します。元気な高齢者が介護を必要とする高齢者を支援するなどして、介護状態を予防し、社会参加を支援するものです。実施主体は、西東京市地域サポート「りんく」（社会福祉協議会へ委託）とし、ボランティアへの支援及び取りまとめを行います。そして、訪問型サービスBの活動は、介護支援ボランティアポイント制度の活動と連携し、活動した方にポイントを付与します。1年間（平成28年4月〜29年3月）の活動で得られたポイントを翌年度に換金するしくみになっています。

　ふれまち助け合い活動の方々からは、「支援を行うことには参画するが、もともとポイントの

1 新しい総合事業への移行

付与を目的として活動しているわけではないので、付与の必要はない」「活動を行うために登録は行う予定」などの声も寄せられています。

(3) 既存の住民活動（ふれまち助け合い活動）

西東京市社会福祉協議会では、子育て中の方、高齢者、障がいのある方、ご家族を介護している方などに対し、電球の交換や窓ふき、サロン会場への同行などのちょっとした困りごとを地域で解決するしくみ「ふれまち助け合い活動」に取組んでいます。

ふれまちコーディネーターが地域で困っている人の連絡を受け、ふれまちボランティアに連絡して活動を行います。活動したい方は社協が開催している「協力者登録説明会」に参加します。

活動者や地域住民の交流のための「ふれまちゆるりカフェ」を開いています。毎月第1、第4金曜日はカフェを開いています。

活動例

窓ふき、台所窓格子拭き、外灯カバー拭き、室内の照明がつかなくなった、エアコンフィルターの取り外し、サロンの同行等。

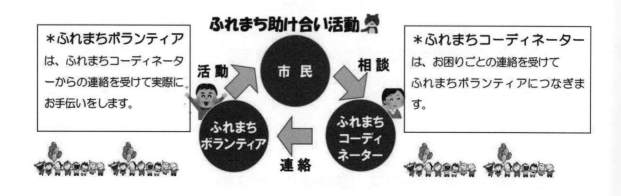

通所型サービス

(1) 市独自基準の通所型サービス（通所型サービスA）

通所型サービスAは、現行の介護予防通所介護の人員・設備・単価等の基準を一部緩和して実施するものです。提供するサービスの内容は、現行の介護予防通所介護と同程度です。基準緩和をどのようにするかについては、各区市町村が決めることとなっています。

西東京市では、利用回数（週1回程度、週2回程度）、送迎の有無、利用時間（1時間30分〜3時間未満、3時間以上）によりそれぞれサービス項目が設定されています。今まで必須であった

人員基準（生活相談員等は専従1以上、看護職員は専従1以上、機能訓練指導員は1以上等）を設けなくともよいこととし、設備としては、要介護者と一体型ではなく、総合事業対象者のみを対象として実施する場合は、食堂・機能訓練室（2.3m^2×利用定員以上）に緩和しています。

人員や設備を緩和することにより、従来よりも単価が下がっています。サービスを利用される方々の負担も軽減されます。

通所型サービスB（住民主体の通所型サービス）

通所型サービスBは、住民主体のボランティア等によるサロン等の活動です。利用者が行きたい時に自由に参加する通いの場であり、専門的なサービス等を提供する場ではないため、自分で通える方が対象となります。

西東京市では、通所型サービスBについては検討中です。これまで市や社協がかかわってきた住民活動について、新しい総合事業への協力を得ていく予定です。

(1) 既存の住民活動（高齢者いきいきミニデイの取組み）

1人暮らし、閉じこもりがちなおおむね65歳以上の高齢者に対し、趣味・レクリエーション・学習等に生きがいの場を提供しています。孤独感の解消や心身機能の維持・向上を図るとともに、社会とのつながりを深め、高齢者福祉の推進を図っています。平成13年7月から西東京市の事業として開始し、現在は約50の団体が活動しています。

地域で生きがいづくりや閉じこもり防止などのボランティア活動をしている人を、西東京市が活動の実績をもとにミニデイの協力者として認定しています。市はボランティアの自己負担軽減のため、協力者にミニデイの実績に応じて謝金を支払っています。

ミニデイの活動の様子

活動形態は、趣味活動、レクレーション活動、体操、学習等の生きがいを得られる活動であり、単一の内容ではなく、いろいろな内容で取組んでいます。活動場所は行政施設を利用したり、自宅を開放しているところもあります。市民が中心となり、生きがいの場を提供しています。サークルや趣味活動にならないよう、市民に広く周知し、新しい参加者を掘り起こす活動のみを事業の対象としています。

(2) 既存の住民活動（ふれあいのまちづくり住民懇談会）

西東京市社会福祉協議会では、地域のつながりづくりをすすめ、心のふれあうまち、お互いに

1 新しい総合事業への移行

助け合うまち、安心して暮らせるまちをめざす「ふれあいのまちづくり事業」を推進しています。住民同士が気軽に知り合い、ふれ合い、ともに支える住民活動です。

まちづくり活動をすすめる単位として小学校通学区域ごとに20の「ふれあいのまちづくり住民懇談会」が活動しています。困った時にお互いに声をかけあえる、人と人のつながりにより、やさしいまちをめざしています。懇談会毎に「地域交流」「防災・防犯」「清掃活動」「学習活動」など、さまざまな活動に取組んでいます。年間のべ400回を超える懇談会を開催し、参加者はのべ8,000人を超えています。

「きれいになあれ!!～わくわく掃除隊」の様子（わくわく栄）

活動例

ふれあいクラブ

ふれあいクラブは、民生委員さんや青少年育成会の方々の協力を得て、もちつきと高齢者昼食会を開催し、1人暮らし高齢者と子どもの交流を行っています。また、ハロウィンまつりや地域の清掃活動に協力しています。その他、市制に関する学習会なども行っています。

・主な活動場所：谷戸地区会館

もちつきの様子

上向台サルビア

上向台サルビアは、「地域を耕す力になりたい」を合言葉に、青少年育成会「ひろがり」、地区の民生・児童委員、地域包括支援センターなど、多くの方と協力し、地域のさまざまな活動に取組んでいます。

・主な活動場所：上向台地区会館

小学校で「昔あそび」を楽しむ様子

ふれまち住民懇談会一覧

小学校通学区域	愛称	主な活動場所
谷戸第二	ふれあいクラブ	谷戸地区会館
柳沢	柳小校区ふれあいの会	南町地区会館
田無	ファミリーたなし	田無町地区会館
芝久保	あい芝久保	芝久保地区会館
向台	向台小通域ふれあい会	向台地区会館
けやき（旧西原）	タワーみつわ	芝久保公民館
上向台	上向台サルビア	上向台地区会館
けやき（旧西原第二）	はくうんぼく	西原総合教育施設
谷戸	ひだまり谷戸	谷戸小 家庭科室
保谷第二	ほにほに	東伏見コミュニティセンター
保谷第一	ふれあい広場	下保谷福祉会館
保谷	ふれあい保谷	保谷小 会議室
栄	わくわく栄	栄小 2階多目的室
東伏見	くじら山	東伏見小 2階会議室
東	クリーンあけぼの	東小 ランチルーム
旧泉	いきいき泉	フラワー通り ふれまちルーム
本町	にこにこ本町	本町小 3階会議室
碧山	ふれあい碧	富士町地域包括支援センターきらら
住吉	ほっと住吉	住吉小 1階家庭科室
中原	いこいの中原	ひばりが丘福祉会館

移行するにあたって気をつけたこと

　新しい総合事業を実施するためには、住民団体、事業者等の理解と賛同が必須です。西東京市では、平成28年4月の実施を見据え、まずは事業の概要を説明しつつ、意見交換会を複数回開催しました。訪問介護事業所、通所介護事業所、居宅介護事業所、いきいきミニデイ団体、ふれまち助け合い活動、縁側プロジェクト、社会福祉協議会等を中心にご意見を聞きました。

　新しい総合事業をすすめるにあたって、介護事業所等と意見交換会や説明会を実施した時の反応は、説明会等の回数を重ねて行くことで事業所側の理解が深まり、当初より参画していただける事業所が増えています。今後も丁寧な説明を継続し、総合事業の内容について理解を求めていく予定です。

　一方で、住民団体等との意見交換会や説明会においては、さまざまな意見がありました。既存の住民主体の活動と、新しい総合事業の住民主体の活動は内容が異なることや、補助内容の使い勝手の課題、資料提出や清算行為等の課題があげられました。しかし、活動者の高齢化等に伴い存続が難しくなっている団体においては、閉じこもりがちな高齢者に対する支援の枠を広げ、「通所型サービスBでの実施を検討する」との意見もありました。

　今後も、総合事業をご理解及び参画していただけるよう周知を図っていく予定です。

生活支援コーディネーターの配置

　西東京市では、平成27年4月に生活支援コーディネーターを社協に委託して配置しました。社協はこれまで地域づくりの推進を担っており、社会資源の情報が豊富であるためです。

　区市町村域の第一層に1名、生活圏域に4名の配置予定ですが、現在は3名の配置です。平成27年度は、地域包括支援センターや地域団体と話し合いをしたり、高齢者クラブ、地域住民の活動、ボランティア活動に顔を出しています。地道に顔を知ってもらい、生活支援コーディネーターの人となりを知ってもらうために地域をまわっています。

　今後は、市内のさまざまな住民活動を可視化することも検討しています。また、西東京市で実施している「ささえあいネットワーク」の調整役の期待もあります。

＊ささえあいネットワーク

高齢者が地域の中で安心して暮らせるよう、地域の住民（ささえあい協力員）、事業所（ささえあい協力団体）、民生委員や地域包括支援センターおよび市が相互に連携し高齢者を見守るしくみ。

1 新しい総合事業への移行

2 「自立支援サービス」を創設

東京都　千代田区

POINT

① 平成27年4月から新しい総合事業をスタートし、生活援助のみの利用者に対する「自立支援訪問サービス」を創出した。
② より早く地域の課題を把握し、長期的な視点を持ってサービスのあり方を見直すために早期の移行を実施した。
③ 介護事業者との関係づくりや、事業者理解に力を入れている。

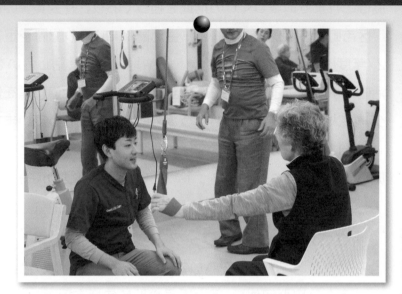

生活機能向上デイサービスの様子

事業のあらまし

　千代田区は、平成27年4月から新しい総合事業をスタートしています。このままでは、介護保険料が現在の倍額となり1万円を超えてしまうことや、地域に新たな担い手が必要であることを再認識し、区の課題やサービスのあり方を見直すため、早期に移行することにしました。

　現行の訪問・通所サービス相当、短期集中型サービスを移行し、緩和した基準による訪問型サービスとして生活援助のみの利用者を対象とした、「自立支援訪問サービス」を新しく創設しています。

　介護事業者に区の考え方や新しい総合事業について正しく理解してもらいたいと、何度も時間をかけて説明会を行い、浸透を図ってきました。区も事業者の大変さを理解したいと、ヒアリングなどをしながら、事業者の意見を取り入れ、協働ですすめています。

千代田区役所

住所　〒102-8688　東京都千代田区九段南1-2-1
TEL　03-3264-2111（代表）
URL　http://www.city.chiyoda.lg.jp/

千代田区の地域性

千代田区の人口は平成27年6月時点では5万7,987人で、年々増加傾向にあります。そのうちの高齢者の人口は1万670人です。高齢化率は、平成22年以降低下傾向がみられ、18.4％となっています。第3期介護保険事業計画において区民の意識や歴史的背景等を勘案した上で、「麹町」及び「神田」の2地域を設定し、日常生活圏域内にそれぞれ1か所、高齢者への包括的支援の場として高齢者あんしんセンター（地域包括支援センター）を設置しています。第6期介護保険事業計画においても、この日常生活圏域の考え方を継承し、介護サービス等を提供しています。

また、千代田区では従来から先駆的な取組みとして、高齢者福祉の充実のため介護保険外の区独自サービスも広く提供してきました。

【千代田区の現状（平成27年6月時点）】

人口	5万7,987人
高齢者数	1万670人
高齢化率	18.40％
認定者率	21.05％（認定者数2,246名（第2号被保険者6名除く））

【千代田区の総合事業　実施状況（平成27年9月時点）】

現行の訪問介護相当	多様なサービス			
訪問介護	訪問型サービスA	訪問型サービスB	訪問型サービスC	訪問型サービスD
移行済	移行済	検討中	移行済	検討中

現行の通所介護相当	多様なサービス		
通所介護	通所型サービスA	通所型サービスB	通所型サービスC
移行済	28年度〜	検討中	移行済

早期移行のきっかけ

千代田区が早期に介護予防・日常生活支援総合事業（以下：新しい総合事業）への移行へ踏み切ったきっかけは、大きく3つあります。

① 平成37年には保険料負担が現在の約2倍に増額し、1万円を超える可能性がある
② 千代田区内も慢性的な介護職員不足の状態にあり、担い手の不足に加えて、地価が高い千代田区では小さな事業所ほど事業所経営に問題を抱えている
③ 現在のサービスの課題発見、見直し、改善に早くから取組むことができる

以上の点から、関係課でのプロジェクトチーム（以下：PT）を設置し、検討を経て、27年4月から千代田区の新しい総合事業を開始することになりました。

1 新しい総合事業への移行

移行までの準備と経過

　千代田区では、新しい総合事業に係る新たな協議体の設置はせず、高齢介護課と在宅支援課の2つの課からなるPTが主体となって検討を重ねました。

　準備段階では、円滑な移行に向けて、基礎データを作り、支援内容の把握等を行いました。支援内容調査は、事業者に行うことにし、事業者に利用者が求めていると思われるニーズをヒアリングしました。ヒアリング等の調査を行いながら、事業者との信頼関係が深まるよう、顔の見える関係づくりを行いました。

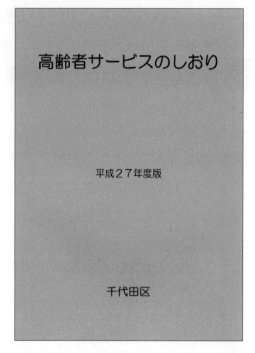

　また、平成26年7月から翌年3月にかけて、事業者向け説明会を合計6回行い、新しい総合事業について丁寧に説明をしてきました。説明会は移行後も続けています。区内すべての事業者に公平に情報を提供するため、福祉用具・住宅改修事業者等も含め、全事業者を対象にしています。

　事業者への説明会の前に、訪問介護事業所と通所介護事業所に、自立支援訪問サービスでは金額の設定が少し下がることを伝え、自立支援訪問サービスを提供する場合の区の考え方についてアンケートを実施しました。

　利用者への説明は27年4月から、作成したパンフレットや資料を用いて、地域包括支援センター職員が介護予防給付を利用していた利用者一人ひとりを訪問して、丁寧に説明を行いました。

　利用者へ新しい総合事業について説明するときは、「新しいサービス」ではなく、①サービス内容は予防給付と変わらない、②指定事業者がサービスを行う点も変わらない、③同じサービスを受けつつ、少し利用料が下がるといった内容を利用者に伝えていき、27年8月には予防訪問介護利用者のうち大半の方が移行しました。しっかりと説明を重ねたことで、大きなトラブルなく経過しています。

千代田区の新しい総合事業（平成27年9月時点）

<table>
<tr><td rowspan="3">訪問型サービス</td><td>予防訪問サービス</td><td>指定事業者による予防訪問介護相当のサービス</td></tr>
<tr><td>★自立支援訪問サービス
（27年4月からの新サービス）</td><td>利用者の自立した生活を支援するため、ホームヘルパーが利用者と一緒に掃除や洗濯等を行います（指定事業者が行います）</td></tr>
<tr><td>訪問型短期集中予防サービス</td><td>専門職による短期集中型予防サービス
27年度より、対象が「事業対象者」と、「要支援者」に変更</td></tr>
</table>

<table>
<tr><td rowspan="2">通所型サービス</td><td>予防通所サービス</td><td>指定事業者による予防通所介護相当のサービス</td></tr>
<tr><td>通所型短期集中予防サービス

※従来の二次予防事業で行っていたものを一部再編し、短期集中予防サービスに位置付けています</td><td>専門職による運動器の機能向上プログラム等の短期集中予防サービス
・総合プログラム（転倒骨折予防・栄養改善教室）
・運動器の機能向上事業継続支援プログラム
・筋力向上マシントレーニング
・口腔機能向上プログラム

27年度より、対象が「事業対象者」と「要支援者」に変更。また、「ADLやIADLの改善に向けた支援が必要なケース」が追加された。</td></tr>
</table>

　すべてのサービスは、利用者の日常生活を支援し、生活機能の改善や、自立した生活をめざします。また、千代田区では28年度から、緩和した基準による通所サービスとして、「生活機能向上デイサービス」を実施します。1回3時間未満で、基本的に送迎と入浴がないサービスになっています。

生活機能向上デイサービスでの「ロコモ体操」の様子

1 新しい総合事業への移行

自立支援訪問サービスとは

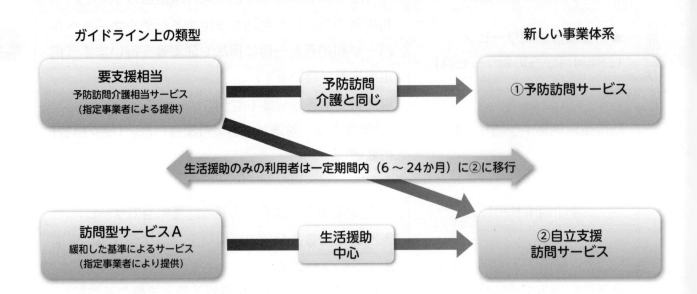

　自立支援訪問サービスは、利用者の自立を目標に、要支援に相当する方を対象として、ホームヘルパーが自宅に伺い、掃除、洗濯、調理などを、利用者と一緒に行います。今まで生活援助のみを利用していた利用者にとっては、2割ほど利用料が軽減されます。

　予防訪問サービス利用者へのアセスメントを行い、生活援助のみの利用者は本人と家族の同意がとれた方から、順次自立支援訪問サービスへ移行するようにしました。また、新規利用者のうち、要介護認定が非該当または要介護認定を受けずに新しい総合事業の訪問サービスを利用する人は自立支援訪問サービスを基本とすることとしました。

自立支援訪問サービスの概要

① 住民主体のものと異なり支援内容は決まっている。生活援助が中心のサービスである。
② 訪問するのは初任者研修以上の有資格者で、指定事業者が行う。
③ 予防訪問サービスの8割程度の利用料で利用できる。月額制。
④ 基本は週1回程度、1回1時間程度のサービスとする。
⑤ 基本的に1年間を利用期間として、自立した生活をめざす（延長は可能）。

※千代田区では、現時点では人員基準の緩和は行っていません。どこまで緩和が可能なのかを、1年間現在のサービスを行った後に、事業者へヒアリングを行います。

今後の方向性―在宅での生活を支援できる仕組みづくり

千代田区は、高齢者がいかに介護サービスを使わずに、在宅で自立した生活を維持できるかを基本に高齢者施策に取組んでいます。現在一般介護予防事業を利用している人をはじめ、高齢者が住み慣れた地域でいつまでも自立した生活を送るためには、ただサービスを増やすのではなく、自立した生活を維持できるような支援やいつまでも在宅で生活できるようなしくみづくりが必要です。

「厚労省が提示した全てのサービスが必要かどうかは、地域の特性等をふまえて検討していく。"困ったときはサービスを受けられます"という基本は守りつつ、受け皿をつくるだけでなく、在宅生活の限界点を上げていきたい」と千代田区保健福祉部高齢介護課介護事業指定係長の平林正樹さんは話します。

早期移行をしてみて、感じていること

千代田区の特性として、コンパクトな区であることと、2つの関係課が主体ですすめたことで、考え方の統一や、問題解決の調整を円滑に行うことができました。また、担い手の確保については、社会福祉協議会等と連携してすすめていくことになっています。

平林さんは、「いきなりすべてを整備することは非常に難しいこと。何かひとつ始めてみることで、地域の課題や必要なこと、考え方を変えなければいけないことも見えてくる」と話します。

平林さんが新しい総合事業への移行により最も感じていることは「地域への浸透には時間がかかる」ということです。今まで事業者向けに6回の説明会を実施しましたが、全ての事業者に確実に理解してもらえるよう、今後も根気強く事業者向け説明会を続けていく予定です。事業者理解に力を入れる理由については、「新しい総合事業への移行には指定事業者の協力が必要。事業者との信頼関係が大切」と平林さんは話します。事業者の抱える課題等を行政が理解したうえで、区の考え方や方向性を伝えてきました。

現在、多くの介護事業者は厳しい経営状況に置かれています。自治体が早い段階から長期的な視点を持って、自分たちの地域の現状と、これからの介護保険計画等を説明していくことが大切です。今後も事業者の意見を取り入れながら、多様な担い手に移行できるか、どこまで緩和が可能であるか等を検討していきます。

平成27年11月、旧千代田区役所跡地に千代田区の地域包括ケアシステムの拠点として、高齢者総合サポートセンター「かがやきプラザ」が開設されました。社協、ボランティアセンター、シルバー人材センターなどが集約され、九段坂病院が同じ建物に入っており、医療と介護の連携したサポートを受けることが可能になります。通所型短期集中予防サービスのうちのいくつかは、かがやきプラザで行われます。

かがやきプラザの機能を十分に活かしながら、今後ますます高齢者の在宅生活を大切にした、千代田区らしい独自の介護保険サービスの可能性が広がっていくことが期待されています。

1 新しい総合事業への移行

東京都　稲城市

3 独自の基準で緩和型・短期集中型を実施

POINT

① 27年4月から新しい総合事業をスタートし、緩和した基準によるサービスでは人員や設備基準などを緩和している。

② 市が事業者からの個別相談や、事務作業のフォローを行い、事業者の負担を軽減。

③ 多様な関係者と協議体を設置し、情報交換や勉強会を実施している。

都市景観大賞（平成7年度）を受賞した向陽台の街並み

事業のあらまし

　稲城市は、27年4月から新しい総合事業をスタートしています。10年後の自分たちの市について、市全体で共通の危機意識を持ち、なるべく早くから対策するためです。

　現在は独自の基準要網を制定し、緩和した基準によるサービスを行っています。また、介護予防事業を引き継ぎ、介護事業所等で行っていた二次予防事業を短期集中型サービスに移行しています。

　早期に移行したためタイトなスケジュールでしたが、事業者説明会や勉強会などに時間をかけ、丁寧に行うことを心がけました。市役所が事業者の事務作業のフォローや、個別相談に応じたことでスムーズに移行ができています。

　多様な関係団体と協議体を設置し、顔の見える関係の中で、情報交換や勉強会を行っています。医療・介護連携や、認知症施策もバランスよくすすめています。

稲城市役所

- 住所　〒206-8601　東京都稲城市東長沼2111
- TEL　042-378-2111（代表）
- URL　http://www.city.inagi.tokyo.jp/

稲城市の地域性

　稲城市は都心から西南に約25km、南多摩地区の左端に位置しています。日常生活圏域は4つに分かれています。多摩ニュータウンでも最近開発された地区は若年世代や2世帯住宅が多くなっていますが、早くに開発された地区では高齢化率も30％近くなっています。一方で、多摩川沿いの地区では長く住んでいる人が多く、地域のつながりが強い地域です。

【稲城市の現状　27年4月時点】

人口	8万6,950人
高齢者数	1万7,209人
高齢化率	19.8％
認定者率	13.9％（認定者数2,399名（第2号被保険者除く））

【稲城市の総合事業　実施状況（27年11月時点）】

現行の訪問介護相当	多様なサービス			
訪問介護	訪問型サービスA	訪問型サービスB	訪問型サービスC	訪問型サービスD
移行済	移行済	検討中	検討中	検討中

現行の通所介護相当	多様なサービス		
通所介護	通所型サービスA	通所型サービスB	通所型サービスC
移行済	移行済	検討中	移行済

介護ボランティアや住民活動が盛ん

　稲城市はボランティア活動が盛んな地域です。社会福祉協議会が管理業務を行っている介護支援ボランティア事業は、介護予防事業の一つとして、全国に先駆けて実施した制度です。介護予防事業の一つとして、高齢者が介護支援ボランティア活動を通して、地域貢献や社会参加をすることで、より元気になることを目的としています。65歳以上の方が登録でき、指定の施設でボランティア活動をします。活動によりにスタンプを付与され、ポイントに応じて換金できます。

　また、稲城市は住民が主体になって活動している団体が多くあります。「つながリーヨ」は、老人クラブ主催の放課後の子どもたちのための居場所です。子どもたちと一緒に遊んだり、宿題を教えたりと、多世代交流の場となっています。

　市が行っていた体操教室を「続けていきたい」と自主的にはじめたグループや、交通が不便な地域に住む住民同士が自宅を開放してサロン化していたり、活動に男性が入りやすくなるためにと、毎朝ラジオ体操の会をはじめた自主グループもあります。「このように自然発生している住民主体の活動をどんどん地域に発信していきたい」と稲城市高齢福祉課地域支援係主任の曽木浩子さんは話します。

1 新しい総合事業への移行

🌱 早期移行のきっかけ

　稲城市は27年4月から新しい総合事業をスタートさせています。稲城市が新しい総合事業を早期に開始した理由は3点あります。

① 介護サービス基盤整備への時間的制約と危機意識
② 被保険者の介護保険料の負担増を求める一方で、サービス基盤の構築の作業を事務の都合で遅らせることは、住民理解が得られない
③ 早期の実施が効率的かつ戦略的に有利である

　以上をふまえ、介護保険運営協議会にて、早期の移行が決まりました。また、地域包括ケアシステム構築のため、生活支援サービス体制整備とともに、在宅医療・介護連携の推進や、認知症施策についても27年4月から実施し、バランスよく取組んでいます。

【稲城市の基本方針】

① 現在市内で提供されているサービスを新しい総合事業へ移行する
② サービス提供事業者は、希望によりすべて新しい総合事業に移行できる
③ 新しい総合事業は、基本的に指定事業者が行う
④ 単価、人員体制、運営方法等は移行前の実績等を考慮し、一定期間後、必要な見直しを行う
⑤ 多様な主体によるサービスの創造は、28年度以降の導入を協議体で検討する

　稲城市はなるべくスムーズな移行にするため、新しいものをつくるのではなく既存のものを活用してできるところからやっていくことにしました。協力してくれる事業者や、不安を感じている利用者の気持ちを大切にしたいという配慮からです。

移行までの準備と経過（平成26年度）

5月	日常生活圏域ニーズ調査、介護予防プランの収集と分析、地域包括支援センターへのヒアリング、地域資源に関する調査
8月	事業者意見交換、説明会、勉強会など
12月	総合事業全体説明会（事業者対象）、総合事業に関する稲城市Q＆A発出
2月	詳細の決定（単価登録、事業所指定、請求等）
2月	個別説明、二次予防事業者への説明会、全体説明会など

　平成26年8月以降は今後多様なサービスに移行することが想定される事業者へ個別に意見を聞きました。事業の大枠が決定した12月からは、地域包括支援センターや介護保険事業者に対して繰り返し説明会を行い、10年後に想定される市の状況など、新しい総合事業への移行が必要

な理由を含めて話しました。事業者等からは、「自らの法人が主体的に地域貢献したい」といった前向きな意見や、「人材確保が困難な状況である」と不安の声もありました。また、これまでとの違いや、事務手続きに関する質問など、多様な質問がありました。

市民への説明は、要支援者や、軽度者であったサービス未利用者など、関係する人から順に説明を行いました。個別の通知以外にも、地域包括支援センター職員や、サービスを提供している事業者からも説明をしてもらい、周知を図りました。制度改正や、総合事業の全体像については、6期計画の一部として、市広報、ホームページやしおりで情報を公開しています。

利用者には、4月1日より、要介護認定の更新のタイミングで順次移行してもらいました。現在はみなしのサービス利用が9割、緩和した基準によるサービスの利用が1割程度となっています。チェックリストだけですぐにサービスを利用できる点は、利用者に評判が良いようです。また、事業者については、事前の説明会で何度も丁寧に説明を行ったことや、市が契約書類や運営規程の変更など事務対応についてのアドバイスを行うなどのフォロー、個別対応の成果もあり、事務処理のエラーは少なくなっています。

稲城市の緩和した基準によるサービス（平成27年度当初）

従事者数、設備基準を緩和し、事業費を抑制しています

訪問型サービスA	通所型サービスA
・管理者…専従1以上 ・従事者…必要数 ・生活支援ホームヘルプサービス ・主体…指定事業者（社会福祉協議会、NPO） ・生活支援のみのサービス	・管理者…専従1以上 ・従事者…～15名…専従1以上、 　　　　　　15名～…利用者1名に必要数 ・運動以外にも認知症予防のための活動など事業所により特色を活かしたサービスを行なう ・看護師、機能訓練士、相談員の配置義務はなし ・もともと稲城市が行っていた通所型介護予防事業を移行させています ・主体…指定事業者（介護保険事業者、NPO、株式会社）

稲城市の短期集中型通所サービス（平成27年度当初）

通所型サービスC
・主体…指定事業者 ・3～6か月短期のプログラム ・プールで体を動かしたり、接骨院で柔道整復師による運動指導等を行います ・もともと稲城市が行っていた通所型介護予防事業を移行させています

生活支援・介護予防サービスの体制づくりと今後の方向性

　稲城市がめざす地域像について、稲城市及び介護保険運営協議会で第6期介護保険事業計画を策定していく中で、協議体と生活支援コーディネーターの必要性が高まり、設置することになりました。

① 生活支援コーディネーターの配置
　稲城市では現在、市に第一層の生活支援コーディネーターを配置し、今後、地域包括支援センターに第二層の生活支援コーディネーターを配置する予定です。コーディネーターが生活支援の担い手の養成、サービスの開発、関係者のネットワークづくり、ニーズとサービスのマッチングなどの役割を持ちます。平成27年の5月から勉強会を開催し、既存の団体やグループの活動を見て回りました。また、地域ケア会議の記録から地域の課題や、キーパーソンの把握を行いました。随時進捗状況を地域包括支援センター連絡会で報告しています。

② 協議体の設置
　多様な主体間の情報共有、連携、資源開発等のために、生活支援・介護予防サービス協議体（以下、協議体）を設置しました。地域ニーズの把握や、情報共有、企画の立案、地域づくりの意識の統一を図る場となっています。
　今後、事業の説明に加え、取組み事例をパネルディスカッションで紹介したり、グループワークを含めたフォーラムの開催なども第一層協議体で検討される予定です。

協議体の構成
・地域包括支援センター
・社会福祉協議会
・NPO法人（配食、ヘルプ、居場所）
・シルバー人材センター
・みどりクラブ（老人クラブ）
・民生児童委員
・介護予防自主グループ
・介護保険事業者
・自治会

第二層協議会の様子

今後、社会福祉協議会の協力を得ながら、地域の担い手やリーダーの養成、一般介護予防事業の自主グループの立ち上げ支援を行っていく予定です。住民主体の支え合い活動を広めるには、考え方の浸透が必要です。「住民主体の活動が、押し付けにならないためにも、リーダーの育成も含めてプロセスから関わっていってもらいたい」と曽木さんは話します。

　また、稲城市では、生活支援体制整備事業とともに、在宅医療・介護連携推進事業、認知症施策にも重点的に取組んでいます。

①　在宅医療・介護連携推進事業
　　・協議会の設置、相談窓口の設置、多職種連携研修会の開催など
②　認知症施策の推進
　　・認知症地域支援推進員（認知症コーディネーター）の配置、認知症ケアパスの作成、認知症初期集中支援チームの設置検討など

　在宅医療・介護連携推進事業の一環として、地域包括ケアシステムの研修会を開催し、医療、介護職や市役所職員も参加して、地域包括ケアシステムの構築について学びました。研修後は生活圏域ごとに分かれ、医療・介護職で情報交換を行うなど「顔の見える関係づくり」もすすめています。研修会を通し、多職種連携の大切さや、自分たちの暮らす稲城市の危機感を共有することができました。

早期移行をしてみて、感じていること

　曽木さんは「もともと連絡会などで地域包括支援センターや介護保険事業者とは顔の見える関係ができていたので、総合事業への移行も理解してくれるだろうとは考えていた。実際に新しい総合事業に取組んでよかったことは、事業者に地域が今後どうなっていくかを知ってもらえたこと。先を見越して動くことや、今の段階から将来を考えることは大切。話し合いを通じ、関係者の方々と、一緒にやっていきましょうという空気や、一体感が生まれたことがよかった。一方、生活支援体制整備事業による支え合いの地域づくりについては、皆さんの理解を得るのにとても時間がかかるため、協議体の開催や、各地域での話し合いを重ねている。繰り返し説明を行うことで、少しずつでもだんだん理解してもらえていることを肌で感じる。理解を得るための時間をじっくりとることができることも、早期移行のメリット」と話します。

　協議体や連絡会などのネットワークを活かし、今後も多様な団体と意見を交わしながらの地域包括ケアの充実が期待されます。

1 新しい総合事業への移行

東京都　江戸川区

④ 全世代対象の拠点づくりを見据えて

POINT

① 27年4月より新しい総合事業をスタート。早期移行により新しい総合事業への考え方や事務作業に慣れることができ、土台を整えている。

② 熟年介護サポーター制度により、介護予防や社会参加に加え、住民活動のリーダーや、地域の介護を支える人材が育つことが期待されている。

③ 今後、子どもから熟年者まで全世代を対象とした地域拠点（なごみの家）を設置し、既存の住民主体の活動を残しつつ新しいグループや多様な活動主体の開発をめざしている。

江戸川区は元気高齢者が多い

事業のあらまし

　江戸川区は、新聞などで日々明らかになってきた介護保険制度の見直しへ不安を抱く事業者や利用者に対しその不安を払拭するため、国の動向をふまえつつ事業者との意見交換を活発に行い、早期に新しい総合事業への取組みをスタートさせました。27年4月から、従前から実施していたサービスとその質の維持を図るため、現行相当の訪問・通所型サービスと、短期集中型の通所型サービスを実施しています。

　平成28年度からは地域包括ケアシステムの推進と充実への取組みを社会福祉協議会の小地域福祉活動の一環として実施し、だれもが集い相談できるまちの地域拠点「なごみの家」を区内10数か所に計画的に設置していきます。元気な熟年者が多い江戸川区では、たくさんの老人クラブやサロンが活発に活動しています。熟年者のエネルギーを活かして住民主体の既存の活動を維持しながら、現在サロンやクラブなどに参加していない熟年者にも、地域活動へ参加してもらえるよう、各地域の拠点を中心にして新しい活動やしくみづくりをしていきます。

江戸川区役所

- 住所　〒132-8501　江戸川区中央1-4-1
- TEL　03-3652-1151（代表）
- URL　http://www.city.edogawa.tokyo.jp/

江戸川区の地域性

　江戸川区は東西に8km、南北に13kmに広がり、荒川や江戸川などの大きな川に囲まれた地域です。日常生活圏域は7つに分かれ、それぞれの地域に特性があります。例えば、小岩圏域は木造の戸建て住宅が密集し、高齢化率24.5％と高齢者が多く住む地域です。一方、葛西南圏域は集合住宅が多く、若い世代が多い地域であり、高齢化率は14.3％になっています。また、鹿骨圏域はシクラメンや小松菜などの産地で、都市農業が盛んな地域です。

　江戸川区の高齢化率は23区中9番目に低く、認定率においては23区内で最も低い15％です。高齢者の約半数は一人暮らし、または夫婦のみの世帯となっています。

【江戸川区の現状（27年10月時点）】

人口	68万5,580人
高齢者数	14万764人
高齢化率	20.5％
認定率	15.25％（認定者数2万1,610名（第2号被保険者除く））

元気高齢者がたくさん

　江戸川区は、認定率からもわかるように元気高齢者の多い地域です。すべての圏域で町会や自治会の活動が活発で、老人クラブの数と会員数も23区内で最多となっています。

　くすのきクラブは、区内在住の60歳以上の熟年者が、健康づくりや仲間づくりを目的に集まり、現在200のクラブで約1万8,000人が活動しています。中でも社交ダンスを熟年者向けにやさしくしたリズム運動が人気で、約1万人が自主的に活動しています。毎年行われるリズム運動の大会では、5,000人を超える方が集まります。

　くすのきカルチャー教室は、熟年者が趣味や教養を高めながら仲間づくりが出来ます。ペン習字、俳句、水彩画、コーラスなど様々な科目があり、習得した知識や経験を社会貢献に活かせるような機会や情報の提供も行っています。現在正規教室と自主教室と合わせて約400教室があり、8,000人ほどが参加しています。

大人気のリズム運動大会の様子

老人クラブの数と会員数は23区内で最も多い

1 新しい総合事業への移行

早期移行のきっかけ

江戸川区介護保険事業計画等改定検討委員会*（以下：検討委員会）での協議の結果を経て、制度改正に迅速に対応し、早い段階で利用者や事業者の理解と協力を得る必要があったことから、いち早く新しい総合事業へ取組むこととなりました。

（*…学識経験者や医療保険関係者、社会福祉関係者、区民、区議会委員、行政代表の委員で構成）

移行までの準備と経過

江戸川区は27年4月から新しい総合事業をスタートさせました。現在は、現行の訪問型・通所型サービス相当、短期集中型の通所型サービスを新しい総合事業として行っています。事業者や利用者の混乱や負担を軽減し、請求方法や新しい総合事業の考え方にゆっくり時間をかけて慣れるためです。また、多種多様なサービスを提供するには時間を要することが見込まれ、早期から新しい総合事業に取組むことによって、他の多様なサービスを提供するための準備期間を確保しています。

利用者には、パンフレットを使用して説明を行い、要支援認定の更新の順番にそって、該当する方から順次移行してもらうようにしました。

国からのガイドラインが発出された後に、事業関係者、福祉施設長、NPO法人、ボランティア団体、三師会、ケアマネジャー、地域包括支援センター関係者などに集まってもらい、説明会と意見交換会を行いました。

説明会の参加者からは、「今後の江戸川区の動きを早く明らかにしてほしい」「担い手が足りていない状況なので、協力は難しい」という不安の声があがりました。一方では「元気高齢者のパワーを活かし、高齢者の方が活躍できるものにしたい」「緩和型もやりたい」「住民主体の活動を自分たちで養成してみたい」といった多様な主体による多様なサービス展開を見据えた声もあがりました。移行当初にはノウハウ不足による混乱もありましたが、全体的には円滑に移行できています。利用者は、認定結果を待つ間にチェックリストを受け、切れ目なくサービスを受けることができています。

区として、早い段階から専門的なサービスの維持と質の確保に留意し、予防給付から新しい総合事業への移行にあたって、そのサービス対価の維持を図ることで利用者、事業者の理解を得て、円滑な総合事業への移行がなされています。

【江戸川区の介護予防・生活支援サービス実施状況（27年4月時点）】

訪問型サービス	現行の訪問介護相当	
通所型サービス	現行の通所介護相当	
	短期集中予防サービス	熟年ふれあいセンター事業 熟年いきいきトレーニング事業 熟年スポーツトレーニング事業 熟年口腔ケアセミナー事業

● 地域を支える人材へ―熟年介護サポーター

　熟年介護サポーター制度とは、区内在住の要介護認定を受けていない65歳以上の熟年者の社会参加と介護予防を促進する事業で、一般介護予防事業として実施しています。

　元気な熟年者が、サポーターとして区内の介護福祉施設等で利用者の話し相手や洗濯物の整理や熟年相談室が実施する介護予防教室の手伝い等を活動内容としています。活動時間に応じてポイントが付与され、1ポイント100円として還元できます。

　熟年介護サポーターは、年2回開催される『熟年介護サポーター研修』を受講し、活動しています。研修では、守秘義務に関することや、実際に活動場所となる施設の管理者等から、活動場所の雰囲気や活動内容についての説明があります。

　現在450名程度のサポーターが活動しています。サポーター活動を通して、地域活動への理解を深め、サポーター自身の介護予防や社会参加につながることが第一の目的ですが、サポーター制度の拡充により、より多くの人材が地域で活躍でき、地域で介護を支える人材、住民活動のリーダーなどの担い手として育っていくことが期待されています。

対象者：区内在住で65歳以上の方
・生活支援系活動（熟年相談室が実施する介護予防教室などのイベントの補助等）
・施設支援系活動（特別養護老人ホーム、介護老人保健施設、グループホーム、デイサービスセンター等での利用者の話し相手、洗濯物整理、シーツ交換、車椅子清掃、レクリエーション補助等、職員の管理下で行う活動
※謝礼のあるもの、団体活動、食事・入浴・排泄介助、車椅子への移乗などを除く、危険の伴わない活動
スタンプは1日2個まで。1スタンプ＝1ポイント。1か月16ポイント、1年間で60ポイントまでためることができます。

1 新しい総合事業への移行

今後の方向性―地域包括ケアシステムの充実に向けて

　江戸川区では今後、現在の日常生活圏域より細かい区切りで地域包括支援ケアシステムの拠点「なごみの家」を配置し、地域との連携を強めた包括的支援に取組んでいきます。

　なごみの家は全世代を対象とし、制度の狭間にいる方への相談援助、地域のネットワークやしくみづくり、子どもから熟年者まで誰でも利用できる居場所づくり、子どもの学習支援や食の支援等を行います。こうした活動を通して地域の課題を把握し、課題の解決に向けた住民主体のサービスやしくみがつくりあげられていくことが期待されます。

　地域包括ケアシステムの充実と、専門職の業務をより専門的な中重度の方のケアにシフトするためには、シルバー人材センターや、NPO、ボランティア団体との連携が必要になってきます。このため、現在、関係団体等との意見交換を行っています。

　江戸川区福祉部福祉推進課計画係係長の小沼光歩さんは「区内には現段階で多くの通いの場はあるが、なごみの家では既存の活動を活かしながら、できるだけ新しい人へ、新しい活動の場を提供していきたいと考えている。サロン等を利用していない熟年者が地域へ出ていくきっかけになっていってほしい。地域包括ケアが構築されていく中で、新たな担い手や住民主体の活動も創出していければ、と考えている」と話します。

　今後も元気な熟年者が多い江戸川区の長所を活かし、熟年者が住み慣れた地域でいきいきと活躍できる地域づくりが期待されます。

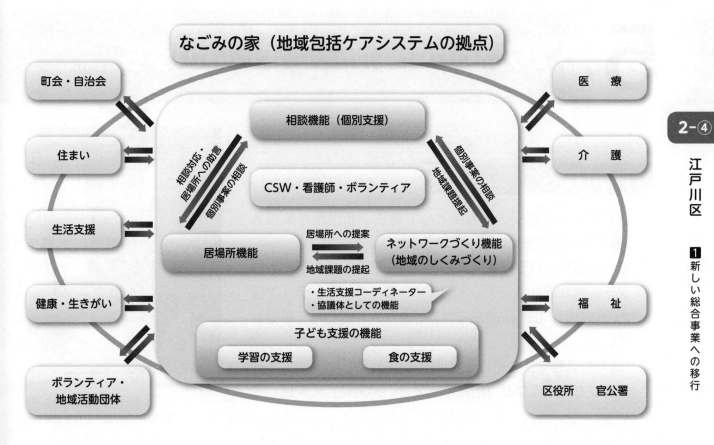

2 住民と専門機関との協働

東京都　文京区
こまじいのうち

5 みんなの居場所　こまじいのうち

POINT

① 空き家を地域住民の居場所として開放。多世代が集まる「みんなの居場所」になっている。
② 町会での会話から提案が持ち上がり、町会、地域活動センター、地域福祉コーディネーター、多様なボランティア協力団体など、企画段階からさまざまな人が関わり、協働している。
③ 「誰でも気軽に立ち寄れる居場所」から、新しい支援グループが立ち上がるなど「地域の支え合いの拠点」に発展している。

こまじいのうちのマスターで町会副会長でもある秋元康雄さん

事業のあらまし

「地域の中に誰でもふらっと立ち寄れてお喋りできる場所があったらいいな」という町会連合会での会話の中からはじまった駒込地区町会連合会主催の居場所づくりの取組み。空き家となっていた家を地域の人の居場所として開放しています。

「誰でも入れて、ゆるく集まれる場所」として広がり、オープンから2年9か月で利用者は約4,500人にものぼりました。

ボランティア団体による囲碁、悩トレ麻雀、文京区にちなんだかるたを作るプログラムの他、自由に交流するカフェこまや、お母さんが中心に集まるゆる育カフェが人気。最近では、参加者が得意なことややってみたいことを提案し、小物作り教室などのプログラムも好評です。参加者自らが運営を手伝い、その中から新しいボランティアグループも生まれるなど、「地域の支え合い拠点」になっています。

こまじいのうちとは、「駒込のおじいさんのうち」という意味です。

みんなの居場所「こまじいのうち」

- **開館** 火曜日〜金曜日　10時〜15時（出入り自由）
- **住所** 文京区本駒込5-11-4
- **TEL** 070-6999-5114
- **URL** https://www.facebook.com/komajii?ref=hl

文京区の状況

　文京区の人口は、昭和35年には約26万人でピークを迎えますが、その後平成10年の約16万6,000人まで減少し続けました。平成10年以降は25歳から49歳の若年子育て世代が流入し、世帯数、人口は増加傾向にあります。また、文京区は全国的に見ても地価水準が高いこともあり、「福祉施設不足」と言われていました。

【文京区の現状（平成26年10月）】

人口	約20万7,000人
高齢者数	約4万1,000人
高齢化率	20.0%

立ち上げの経緯

　駒込地区の町会連合会の会議の中で、「昔と比べて近隣の人との関係が希薄になってきている」と、地域の居場所の必要性について話があがっていました。「地域の中に誰でもふらっと気軽に立ち寄れて、お茶を飲みながらおしゃべりができる場所があったらいいな」という会話から、町会連合会副会長の秋元康雄さんが持っている空き家を、地域住民の居場所として開放してはどうかという提案がありました。

　また、以前から同会では、「昔のように近所同士の助け合いができる関係性を取り戻したい」「家の近くに困っている人がいたら助け合えるような地域をつくりたい」と地域住民同士が、顔の見える関係づくりができる仕掛けが求められていました。

　同会は居場所の立ち上げに伴い、駒込地域活動センター、文京区社会福祉協議会に声をかけ、協力を依頼しました。

　駒込地区活動センターは、12か所ある各町会との連携、町会の分担金と寄付金を使った運営費の調整や、地域の底力再生事業助成を取得するなどの協力をしました。文京区社会福祉協議会では、駒込地区をモデル地区として、地域福祉コーディネーターの浦田愛さんが一緒に、居場所の立ち上げを行うことになりました。

　浦田さんは、ボランティア団体への声かけ、プログラムの企画や、組織体制づくり、スケジュールの調整等を行いました。誰もが利用できる居場所になるよう、協力団体を選ぶ際は、子どもを対象に活動している団体から、学生ボランティア、高齢者を対象にしている団体等、さまざまな団体に声をかけるようにしました。

　そうして立ち上げの時点から、対象も活動も多様な団体が集まって、「第一回駒町居場所づくり実行委員会」を開催しました。浦田さんが作った素案を、実行委員会で協議し、試行、修正を

2 住民と専門機関との協働

繰り返しながら、平成25年10月1日に「こまじいのうち」はオープンしました。
　当初に目標にしていた通り、「誰でもふらっと立ち寄れる地域の居場所」として広まり、オープンから2年9か月で約4,500人がこまじいのうちを訪れました。

【こまじいのうち協力団体】

話し合い員	子どもを守る目コミュ@文京区	みまもりサポーター
学習支援「てらまっち」	東洋大学	民生委員・児童委員
青少年委員	傾聴ボランティア「ぞうの耳」	地域活動栄養士会
文京区囲碁指導者連絡会	文京かるた隊	文京区更生保護女性会

● 多世代が集まる「みんなの居場所」

　こまじいのうちの特徴的な点は、多世代が集まる居場所であることです。地域に住む高齢者や、子育て中のお母さんと子ども、近隣の大学に通う大学生や、地域の小中高生なども集まり、とても賑やかです。区外からの参加者も多く、誰でも自由に参加ができます。昔からある木造の家は、どこか懐かしく、居心地の良い空間です。

　オープン当初、プログラムはみんなでお茶を飲む「カフェこま」のみで週3回ほどの開放でした。その頃はせっかく立ち寄ってくれた人も、「来てみたけれど、何をしたらいいのかわからない」といった姿がみられました。
　そこから、囲碁カフェや悩トレ麻雀、栄養士による栄養指導が受けられる「こまじいキッチン」などのプログラムができていきました。
　そのうちに、参加者の中から「ビーズ教室をやってみたい」「布草履づくりをやりたい」などと声があがり、利用者の声をそのまま生かしたプログラムが自然にできていきました。今では月間のスケジュールはぎっしりで、休館日にも関わらず子どもたちが遊びに来るほどの大盛況です。

月間プログラム。
町内の掲示板や回覧板でPRしています

　「企画の段階から、協力団体や町会の人も含めて多様な人が関わったから、今も色々な世代の人が集まってくるのだと思う」と浦田さんは話します。
　ゆる育カフェという子育て中のお母さんが集まるプログラムは、こまじいのうちでは人気のプログラムですが、もちろん夏休み中の中高生が遊びに来ても、子どもが好きな高齢の方が遊びに来ても大歓迎です。こまじいのうちは、誰が来てもあたたかく迎えてくれます。

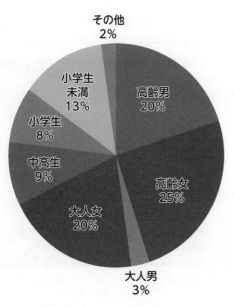

参加者内訳。多世代が集まってきていることがわかります

「ゆる育カフェ」の1日。勉強しに来ていた中学生が、子どもの遊び相手になっています

雑談の中から地域の課題が見えてくる

こまじいのうちが特に大切にしているのは、みんなでお茶を飲みながら自由に雑談をする「カフェこま」の時間です。「ちょっと心配」「最近ご近所さんが…」と参加者の雑談の中に、地域の問題が見えてくることがあります。

専門的な話や、地域住民だけでは難しい問題については、浦田さんに相談し、専門機関につなげています。

これまでもゴミ屋敷の問題や、近所同士のトラブルなどの問題が、参加者の雑談の中から持ちあがって、社協につなげたことがあります。

子育て中のお母さん同士、ゆっくり語りあっています

近所同士の助け合いを子どもの頃に経験した町会連合会のメンバーと、地域のさまざまな人がひとつの場所で関わることにより、以前地域に当たり前にあった「地域で困っている人がいれば、みんなで助ける」という「おたがいさま」の心が、世代を超えて伝わっていっています。

参加者と担い手は垣根なく

こまじいのうちのボランティアと参加者には境目がありません。Aさんも、はじめはふらっと立ち寄り、通ううちに「自分も何か手伝いたい」と思うようになりました。

今ではボランティアとして、立ち寄った方にお茶を出すなど、運営の手伝いをしています。Aさんは「こまじいのうちを知るまでは、近所や地域との関わりはほとんどなかった。でも、ここへ来て色んな人と関わるうちに、自分にも何かできないかという気持ちになった」と話します。

いつの間にかボランティアとして運営側になっていたAさん。とてもいきいきしていました

また、参加者自身が自分でも気づかないうちに他の誰かに支えられていたり、いつの間にか自分が支え手にまわっていることもあります。

現在98名の子育て中のお母さんとその子どもがこまじいのうちを利用しています。利用している親子の中には子育てサークルに馴染めず、孤立や不安を感じているお母さんがいました。こまじいのうちは、そんなお母さんと子どもたちが安心して過ごせる居場所です。

そのお母さんが、小物作り教室の先生になる日もあれば、子育ての先輩からアドバイスをもらって励まされる日もあります。

その他にも、勉強をしに来た学生が小さい子の遊び相手になってあげたり、高齢の女性が、ここへ来て小さな子どもたちと過ごすうち、みるみる元気になっていったり、本当の家族のように、時には大人が子どもを叱ることもあります。

集まる人たちが境目なく溶け込み、「ゆるく自由な雰囲気が魅力」と秋元さんは話します。そんな秋元さんの優しい人柄もこまじいの魅力のうちのひとつです。子どもたちも秋元さんを「じいじ〜」と呼び、一緒に遊んでもらうのが大好きです。

遊びに来た子どもたちの名前を短冊に書いて覚えている秋元さん。「赤ちゃんだけでも100人を超えていて覚えきれない」とうれしそうに話します。

優しく穏やかな秋元さんは、みんなのおじいちゃんです

新しい支援団体が立ち上がり、支援拠点に

こまじいのうち参加者の中から、いくつかの新しいグループが立ち上がりました。

バビブベビーの会
ある日のカフェこまの時間に意気投合した16組の子育て中のお母さんたちが立ち上げた団体。主に育児休暇中の0歳児をもつお母さんたちが交流を楽しむ会です。

助っ人隊の活動。とても喜ばれています

助っ人隊
もともとNPO法人「風のやすみば」が行っていた「おたすけ隊」という、地域でちょっとした困りごとを持っている人への個別支援を、こまじいのうちの参加者もお手伝いすることになったことがきっかけで生まれた団体。高齢の方のお宅などに出向いて、草むしりや、木の剪定など、「ちょっと手を貸してほしい」ところを手伝います。

おでかけこまじい
高齢などの理由でこまじいのうちに来れない人のために、こまじいのうちから遊びに行こう！という活動です。こまじいのうちまで来れない人の自宅に数人で伺い、2,3時間ほどおしゃべりを楽しんでいます。

さきちゃんち
こまじいのうちを利用していた方が、こまじいのうちをモデルにして、子どもとお母さんを対象にした居場所、「さきちゃんち」をオープンしました。

2 住民と専門機関との協働

地域に埋もれているパワーを集めて

　こまじいのうちの玄関先にある看板は、参加者が作ってくれた手作りの看板です。ロゴを考えてくれたのも、1周年を迎えた時に記念パンフレットを作ってくれたのも地域の人です。近くの新聞社の方が、自らチラシを折りこんで地域に配付してくれたこともあります。ホームページの更新は参加者の若者が担当します。ビーズのキーホルダーや牛乳パックで作る椅子などは、参加者がアイディアを持って来て、たちまち人気のプログラムになり、今ではみんなで作ってバザーに出品しています。バザーの収益は運営費にあてられます。

地域住民手作りの看板と旗

　参加者は、こまじいのうちに参加しながら、時にはそれぞれが得意なことや、豊富な経験を活かし、運営側にまわることもあります。こまじいのうちは、地域の中に埋もれていたパワーを発揮するきっかけにもなっています。

一周年記念パンフレット

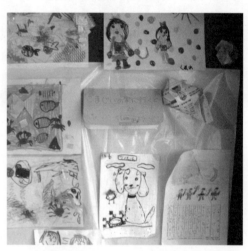
居間には子どもたちの作品がたくさん

いつの間にか地域にとって大きな存在に

　オープンから2年9か月で、約4,500人が訪れたことは、秋元さんにとって、想像以上のことでした。また、こまじいのうちの存在や、助っ人隊の活動は地域に広がり、こまじいのうちがだんだん地域の中に受け入れられていくのを、秋元さんも浦田さんも感じています。

　こまじいのうちが出来た当初には関心のなかった近隣住民が、バザーの時に敷地を貸してくれたり、自分から声を掛けてきてくれたりと、今では協力的になってくれています。また、ずっと玄関を開けてくれなかった要支援者の方に、「こまじいのうちから来ました」と伝えると、はじめて玄関を開けてくれたことがありました。

　地域に溶け込んでいくにつれて、こまじいのうちが、地域住民にとって単なる居場所ではなく、何かあったら助けてくれる大きな存在になっています。

バザーの準備。
みんなでやると準備の時間も楽しい時間に

今後の課題

　こまじいのうちは、大きなトラブルもなく順調に活動が続いてきましたが、地域の力で運営しているため、今後も長く現在の状態を続けていくために、持続性をどう持ち続けながら運営していくかが課題です。

秋元さん（1列目左から2番目）と浦田さん（3列目右）

2 住民と専門機関との協働

東京都
武蔵野市・武蔵野市桜堤ケアハウス

6 『食』を通して地域をささえるコミュニティ食堂

POINT

① 大規模団地自治会と社会福祉法人が連携し、団地内の集会室にコミュニティ食堂を開設。施設の調理員が調理し、生活福祉の相談に専門職が対応している。

② 住民アンケートからニーズを把握し、ニーズに合わせた居場所づくりをしている。

③ 運営は団地自治会、食事の配膳や参加者との談笑は、団地住民が主体的に活動。社会福祉法人は、住民が活動しやすいように黒子役に徹し運営をサポートしている。

④ 参加者からの日常生活上の困りごとを把握し、介護保険サービス等につなげている。

ボランティアのお子さんも配膳に活躍しています

事業のあらまし

　武蔵野市にあるURサンヴァリエ桜堤団地自治会は、社会福祉法人武蔵野 武蔵野市桜堤ケアハウスと連携しながら団地集会室でコミュニティ食堂「よりあい食堂かよう」を毎週火曜日に開催しています。桜堤ケアハウスの調理員が団地集会室の厨房で調理し、ボランティアが配膳をしています。在宅介護支援センターの職員も同席し、日常生活での困りごとを拾い上げています。住民が主体的に活動できるよう、桜堤ケアハウスは黒子役に徹しています。なお、武蔵野市は新しい総合事業に平成27年10月に移行しています。

社会福祉法人武蔵野　武蔵野市桜堤ケアハウス
（軽費老人ホーム・デイサービスセンター・在宅介護支援センター）

- 住所　武蔵野市桜堤1-9-9
- TEL　0422-36-5122
- URL　http://fuku-musashino.or.jp/

武蔵野市およびサンヴァリエ桜堤団地の状況

　武蔵野市の高齢化率は約21％ですが、サンヴァリエ桜堤団地は約32％です。住民への調査結果では、65歳以上の世帯の約半数が80歳以上、そのうち独居、老齢夫婦のみ世帯が約9割にものぼります。

　武蔵野市では、平成26年4月に市直営の武蔵野市地域包括支援センターに、第一層（区市町村域）の生活支援コーディネーターを配置しました。コーディネーターは社協から市に出向している職員が担っています。平成28年度以降には、市内6つの在宅介護支援センターに第二層（中学校圏域）の生活支援コーディネーターを配置予定です。そして、平成27年10月に新しい総合事業に移行しました。

武蔵野市の総合事業　実施状況（27年10月現在）

現行の訪問介護相当	多様なサービス			
訪問介護	サービスA	サービスB	サービスC	サービスD
移行済	移行済	検討中	検討中	検討中

現行の通所介護相当	多様なサービス		
通所介護	サービスA	サービスB	サービスC
移行済	移行済	検討中	移行済

社会福祉法人武蔵野　桜堤ケアハウスとは

　社会福祉法人武蔵野は、平成4年に「社会福祉法人武蔵野障害者総合センター」として設立し、平成6年に現在の法人名となりました。平成8年に「武蔵野市桜堤ケアハウス」の運営を受託、「特別養護老人ホームゆとりえ」を開設。その後、知的障害者グループホーム、武蔵野市障害者就労支援センター、武蔵野福祉作業所等を開設しました。

　「地域社会に役立つ」を基本理念に、福祉サービスを必要とする方や地域住民が、その人らしい暮らしが送れるよう支援しています。

2 住民と専門機関との協働

8年前から調理員が地域で活動

桜堤ケアハウス周辺地域では、コミュニティセンターや団地が主催するお祭りがいくつかあります。桜堤ケアハウスの調理員の井口大也さんらは、「地域の方に桜堤ケアハウスのことを知ってほしい」という想いを抱いていました。桜堤ケアハウスでは、給食調理業務を委託せず直営で行っています。直営の強みを生かして、地域へ支援したいと考えていました。井口さんは「美味しい食事を食べるとみんな幸せになる。調理員の強みを生かした取組みをしたかった。施設を地域に開放することも考えたが、足腰が弱って施設まで来られない人にも届けたいと思い、地域に出ていくことにした」と話します。そして、8年ほど前から、調理員自らがお祭りなどに模擬店を出し、周辺地域の方々と顔なじみの関係を作ってきました。

調理員の井口大也さん。
優しい人柄と手際の良さが評判です

その取組みの成果として、地域の方々とすれ違う際に、それまでの「おはようございます」に加えて、「この前のお祭りで買った肉まんは美味しかったよ」などの会話が生まれ、地域との距離が縮まりました。当初は食事サービスのスタッフのみの活動でしたが、5年前の東日本大震災を機に全職員でかかわるようになりました。

団地住民の課題をアンケートで把握

桜堤ケアハウスから徒歩5分の場所に、約950世帯が暮らす「サンヴァリエ桜堤団地」があります。高齢化率は約32％（市全体：約21％）です。団地自治会が、地域の関係団体を集めて平成24年・25年に行った「団地で暮らす高齢者の課題に関する懇談会」では、「名簿で高齢者の人数や生活実態を把握するには限界がある」「ゴミの分別やゴミ出しが困難」「隣近所から孤立している」などの団地の課題が明らかになりました。

桜堤ケアハウスは、団地で暮らす高齢者の生活課題を共有したいと、自治会役員の方々と相談して、自治会事務所内に高齢者向け配食の配達ステーションを設けました。そして、団地住民の中から配達してくれるボランティアを募集することで、日常的に自治会役員や事務員、ボランティアの方々と顔なじみの関係をつくりました。

さらに、平成25年度には、団地で暮らす高齢者の生活実態を把握するために、自治会と桜堤ケアハウスが協働で全世帯に「『食』と『生活』に関するアンケート調査」を実施しました。主な結果は、回答した65歳以上の世帯の約半数が80歳以上で、そのうち独居、老齢夫婦のみの世帯が約9割、食事を毎食一人で食べている方は半数以上、会食型食事サービスの利用希望は半数程いました。その他の日常生活上の困りごとは、「電化製品の操作、外出時の移動、通院、掃除、

洗濯等」があがりました。これらをふまえ、「食」を通して住民同士が出会え支え合う通いの場づくりの必要性を考えました。

　桜堤自治会には、住民同士の親睦を深めるサロン活動がいくつかありますが、自治会活動に関心を持つ住民の減少、担い手の固定化などと役員の負担増が課題でした。そこで、桜堤ケアハウスでは、平成26年4月に自治会役員と話し合い、団地住民の見守りや通いの場づくりを検討しました。そして、自治会役員が主体的に活動しながら、桜堤ケアハウスが後方支援し「コミュニティ食堂」の事業化を具体的に話すことができました。財源は、東京都の「地域の底力再生事業助成」を活用しています。平成26年度9月の開店をめざし、フロアを切り盛りするボランティアスタッフを団地住民より募集したり、利用希望者への試食会を行うなど、開店に向けての調整を重ねました。

2-⑥ 武蔵野市・武蔵野市桜堤ケアハウス　❷住民と専門機関との協動

2 住民と専門機関との協働

平成25年度 サンヴァリエ桜堤「『食』と『生活』に関するアンケート調査」結果

【調査の概要】

調査対象	65歳以上の単身世帯・夫婦のみ世帯及び65歳以上の方と同居している世帯（日中独居含む）
対象者数	960世帯
配布方法	自治会役員による全戸ポスティング
回収方法	平成26年2月〜3月
回 収 数	168件（回収率：17.5％） ＊65歳以上の世帯からの回収率は約35％

【結果の概要】

（世帯の状況）
- 55％が80歳代以上の高齢者がいる世帯
- 50％以上が単身者、約40％が高齢の夫婦世帯
- 55％以上の世帯が、居住して15年以上経過している
- 約50％の世帯が、何らかの疾病をかかえている高齢者がおり、外出困難・介助の必要な状況が約23％
- 介護保険サービスを利用している方は約25％

（食について）
- 朝食・昼食ともに1人で食事をしている方は約60％。夕食を1人で摂っている方は約55％。半数以上が3食を1人で摂っている。
- 食事療法が必要な方は約20％、食事形態に工夫がいる方は約10％。

（コミュニティ食堂について）
- 約80％が営業時間帯として昼食時を希望している。
- 開店したら利用したいは約60世帯、さらに自宅に届けてもらいたいのは50世帯
- コミュニティ食堂で期待する効果は、「会話を楽しめる」「顔見知りの関係を作れる」「スタッフの人に生活等のことを相談できる」など。人との交流を望んでいる。

（その他）
- 日常生活での困りごとは、「電化製品の操作・修理」「通院や買い物など、外出時の移動」が多い。
- 不安や悩みごと、心配ごとは、「健康面」「急病時や災害時の対応」が多く、「介護や認知症」「生活費・医療介護等の費用」が続いている。
- 相談相手は、「子ども・家族・親戚」が多く、「知人・友人」も多い。

「火曜」にみんなが「通う」

平成26年9月にコミュニティ食堂「よりあい食堂かよう」をオープンしました。名称は、試食会にいらした方からの提案により、「火曜」と「通う」をかけ、「よりあい食堂かよう」と名づけました。団地の集会室を会場とし、毎週火曜日の正午から14時まで開いています。毎回30名程が参加され、ガラス張りの明るい場所で、美味しい食事を食べながら会話を楽しんでいます。1食500円で栄養バランスのとれた食事が食べられます。料理だけでなく、盛りつける際の器にもこだわっています。出前や仕出しで使われている使い捨ての弁当容器ではなく、自然な家庭の団欒の温かさを味わってもらえるように、せともの食器を中心に選んでいます。食器類は、法人内の施設から使わなくなったものを募り、おぼんやご飯茶碗を集めることができました。

ボランティアスタッフとの談笑も楽しみです

彩りも良く栄養バランスのとれた食事です

参加者は、主に自立している高齢者ですが、介護サービスを利用している方や認知症症状がある方も参加しています。桜堤ケアハウスの在宅介護支援センター職員らが食事中にテーブルをまわりながら、世間話の中から困りごとを聞き出し、介護保険サービスや他の社会資源につなげています。また、12月からは利用者からの希望で、食事前に「歌の会（介護予防事業）」が始まりました。

安心して参加できる

参加者のAさんは夫婦で参加しています。夫は認知症があり、介護サービスやテンミリオンハウスも利用しています。Aさんは「『かよう』等のランチを利用することで昼食を用意する負担が減った。『かよう』のスタッフは認知症サポーターの「オレンジリング」もつけている人もいて安心できる」と話します。

ボランティアスタッフは10名程が登録し、3名ずつローテーションで担当しています。1人月1～2回の活動です。「毎週だと負担感があるけれど、これくらいならちょうどよい」とボランティアの皆さんは話します。

ボランティアをはじめたきっかけは、自治会の広報紙や募集チラシを見たり、自治会役員さん

ボランティアのみなさんと
生活支援コーディネーター（横山さん：左端）

らに声をかけてもらったそうです。急に休む必要ができた場合などは、自治会役員さんや事務員さんが代理を打診してくれるなど、コーディネートしています。「同じ棟の人の顔と名前が一致するようになった。これまで会話がなかった人とも『かよう』をきっかけに話すようになった」とボランティアをして良かったことを語ってくれました。

参加者の声

　Aさんは、50年ほど前から桜堤団地で暮らしています。子どもが独立して1人暮らしです。「かよう」で棟が離れた友だちができました。「かようにこなければ知り合うことができなかった」と話します。

　Bさんは、以前自治会役員を担っていました。当時は育児中の母親等も多く参加していて、住民が積極的に声をかけてサポートするなど、自然にできていました。Cさんは「今は高齢化がすすんでいる。土日に行事を開催するなど、もっと若い人にかかわってもらう必要がある。食事の場から活動を広げ、交流が広がるようになればいい」と話します。

　Cさんは、「かよう」がきっかけで顔なじみが増え、毎回30人くらいが集まるので、みんなで健康のために歌を歌いたいと提案しました。「桜堤ケアハウスから音楽療法のスタッフが来て、『歌の会』が始まったのでとてもうれしかった」と話します。

施設の職員が地域に出ていくための工夫

桜堤ケアハウスの食事サービス部門では、施設利用者への食事の質を落とさず、職員が地域に出ていくための工夫を考え、調理業務の無駄を洗い出して見直しをしました。

当初は、調理スタッフが地域に出ていくことを「大変かもしれない」と躊躇している職員もいました。しかし、実際に「かよう」で調理してみると、地域住民が「美味しい」と直接感想を寄せて、やりがいを感じるようになりました。時間がゆったり流れる食堂の雰囲気の中で、仕事ができるのも楽しさのひとつのようです。

調理スタッフに限らず職員が地域に出ていくことで、今までより地域住民と顔見知りになることができます。「こんにちは」の挨拶から、世間話や地域の話題となり、そして健康・医療・介護の話と不安を早めに把握でき、訪問につながるケースもあります。相談になる少し前の困りごとや悩みを把握し、専門職が早めにアプローチすることができました。

住民が主役。専門職は黒子

「よりあい食堂かよう」の運営について、自治会役員・事務員は会場予約や利用人数の集約、ボランティアスタッフの調整、助成金の申請手続きなどを担い、ボランティアスタッフは利用者のお迎えや料理の配膳を担っています。そして、桜堤ケアハウスは調理スタッフと相談員を派遣し、調理や相談対応、また運営がスムーズに行えるようコーディネートを担っています。市の生活支援コーディネーターも「かよう」を通して、住民同士の支え合いづくりにかかわっています。

左側から井口大也さん（調理師）、阿部敏哉さん（統括施設長）、吉川百合子さん（調理師）、五十嵐敬子さん（主任・栄養士）

専門職が主導ではなく、団地住民の方々が中心に取組むことで、自然な近所づきあいと顔見知りのネットワークが広がります。災害時など、いざという時の助け合いも含め、今後の強みになります。桜堤ケアハウス施設長の阿部さんは、「住民の関係性を壊さないようにかかわるのが大切。専門職の役割は、住民同士の関係作りをそっと後ろからお手伝いすること」と話します。自治会役員やボランティアスタッフが気持ちよく活動できるように、あたたかく支えています。

今後は「かよう」に来ることができない方へのアプローチ

阿部さんは「今後は食事の前に介護予防の体操教室を開催し、リハビリ専門職が一人ひとりに合わせた運動と助言を提供することも考えたい」と話します。また、「『かよう』に来ることができない人へのアプローチも必要。『かよう』に来ている方たちにも来ることができない人がいる

ことを知ってもらい、お互いに助ける・助けられる関係になるといい。『かよう』に来ている元気な人たちが、困っている人たちを支え合うグループづくりにもお手伝いしたい」と、今後の必要な取組みを話しました。

介護予防・日常生活支援総合事業への移行

　武蔵野市は、平成27年10月に介護予防・日常生活支援総合事業に移行しました。予防訪問介護・予防通所介護を利用している要支援者に対しては、これまでと同程度のサービスが継続されることを基本としています。専門職だけでなく、地域住民や他分野の人材、サービスの参加を得ながら、自助・共助・公助による「まちぐるみの支えあい」を推進しています。

　訪問型サービスは、現行の予防訪問介護相当に加え、緩和した基準によるサービス（訪問型サービスA）として、市が実施する研修（3日間の講義と実習）を受講したヘルパーが家事援助を行う「いきいき支え合いヘルパー」を実施しています。

　既存の予防訪問介護の利用者には、要介護認定の更新月の前月までは予防訪問介護を提供し、要介護認定の更新時に、本人の希望およびアセスメントにより、専門的なサービスの必要性を判断した上で、現行の予防訪問介護相当（みなし）、「いきいき支え合いヘルパー」のいずれかの適切なサービスを実施します。平成27年10月以降、新規の総合事業対象者は、本人の希望およびアセスメントの結果により専門的なサービスの提供の必要性を判断しながら、原則的に「いきいき支え合いヘルパー」を案内しています。

　通所型サービスは、現行の予防通所介護相当（みなし）に加え、緩和した基準によるサービス（通所型サービスA）を実施しています。緩和した基準によるサービスは、送迎がある場合とない場合で単価を分け、利用者15人までは専従の介護職員が1名以上とし、生活相談員や看護職員等の配置は必須とはしていません。これまで地域の福祉団体等がミニデイやショートステイを運営するテンミリオンハウスや、公衆浴場で高齢者向きの体操をして入浴する不老体操等を一般介護予防事業として実施してきていますが、こうした既存の事業も含めてその人に合ったサービスを適切に紹介していきます。

　既存の予防通所介護の利用者は、要介護認定の更新月の前月までは予防通所介護を提供し、要介護認定の更新時に、本人の希望およびアセスメントにより、看護職等による特別な対応が必要であるかを判断した上で、現行の予防通所介護相当（みなし）、緩和した基準によるサービス（通所型サービスA）のいずれかの適切なサービスを案内します。平成27年10月以降、新規の総合事業対象者については、本人の希望およびアセスメントの結果により、専門的なサービスの提供の必要性を判断しながら、緩和した基準によるサービスを案内しています。

市直営の地域包括支援センターに第1層の生活支援コーディネーターを配置

　武蔵野市では、平成26年4月に市直営の地域包括支援センター職員を第1層（区市町村圏域）の生活支援コーディネーターとして配置しました。平成28年度以降には桜堤ケアハウス在宅介護支援センターなど、市内6カ所の在宅介護支援センターに第2層の生活支援コーディネーターを順次配置する予定です。

　武蔵野市民社協から武蔵野市に出向して第1層の生活支援コーディネーターの役割を担っている横山美江さんは、「社協では地域社協やテンミリオンハウス等の住民団体への支援を行ってきた。高齢者との会話からニーズを把握するとともに、活動している方々からの相談を受け、高齢者を支える取組みを一緒に行っています」と話しました。

武蔵野市の新しい総合事業のサービス類型

	類型	実施主体
訪問	現行の予防訪問介護相当（予防給付からの移行）	予防訪問介護事業者
	訪問型サービスA（緩和した基準によるサービス）<いきいき支え合いヘルパー>	予防訪問介護事業者、福祉公社、シルバー人材センター
	訪問型サービスB（住民主体によるサービス等）	ー
	訪問型サービスC（短期集中予防サービス）	ー
通所	現行の予防通所介護相当（予防給付からの移行）	予防通所介護事業者
	通所型サービスA（緩和した基準によるサービス）	予防通所介護事業者
	通所型サービスB（住民主体によるサービス等）	ー
	通所型サービスC（専門職による短期集中機能訓練）	老健、クリニック 柔道整復師会と有料老人ホームなど
ケアマネジメント	原則的なケアマネジメント	地域包括支援センター
	簡略化したケアマネジメント	ー
	初回のみのケアマネジメント	ー

2 住民と専門機関との協働

神奈川県　横浜市
ドリームハイツ

7 陸の孤島を住民が支える

POINT

① 地域の問題を地域で解決するため、住民が中心となり、団地内にさまざまな福祉団体を設立。住民主体のまちづくりをしている。
② 住民全体の助け合い精神や自治意識が高い。
③ 陸の孤島と言われていた地域を子育て世代や高齢者が住みやすいまちに変えていった。
④ 空き店舗等の有効活用もしており、まちづくりのモデル地区として全国的にも注目されている。

ドリームハイツの全景

事業のあらまし

　昭和47年に入居がはじまったドリームハイツには、当時約9,000人から1万人が一気に入居しました。入居してみると、幼稚園がないなど、住民の困りごとが次々に浮かび上がりました。幼稚園不足に悩む親たちの中から、手作りの幼児教室がはじまったことがきっかけとなり住民の中で自治意識が生まれ、保育施設、障害者や高齢者向けの居場所、配食サービスなどが、ひとつひとつ住民の手で次々と作りだされていきました。

　まちづくりをはじめてから約40年が経ち、子育て家庭と高齢者にやさしい地域になりました。現在15団体が活動しており、まちづくりの中心には「地域運営協議会」が設置されています。現在も、環境の変化とともに変わっていく住民のニーズに合わせたまちづくりを、住民が主体となって行っています。

深谷台地域運営協議会
- URL http://drsansan.jp/（ドリーム燦燦）
- TEL 045（392）5735

多世代交流サロン　いこいの家　夢みん
- 住所 横浜市戸塚区俣野町1404-6
- TEL&FAX 045（853）0480
- URL http://www.drsansan.jp/?page_id=22

公共施設がない！陸の孤島

　ドリームハイツは、横浜市南西端の戸塚区と泉区の境界付近に位置する大規模分譲集合住宅で、約2,270世帯が暮らしています。昭和39年、この近くには「横浜ドリームランド」という遊園地がありましたが、平成14年に閉園し、跡地は野球場や公園、薬科大学になりました。

　昭和47年、ドリームハイツに入居が開始され約9,000人から1万人が一気に入居しました。20代から30代の子育て世代が多く入居をしましたが、団地内の公共施設は小学校と幼稚園、スーパーが一つずつしかありませんでした。

　また、ドリームハイツは最寄り駅からバスで25分ほど離れており、交通の不便さから『陸の孤島』とも呼ばれていました。

　入居開始直後、一つしかない幼稚園に入園希望者が殺到し、入園できない子どもがたくさんいました。その状況に親たち自らが立ち上がり、昭和50年、親たちの自主運営による手作り幼稚園「すぎのこ会」がはじまりました。それが発端となり、地域の中に「地域の問題は住民である自分たちの力で解決していこう」という意識が生まれていきます。

【ドリームハイツ　まちづくりの歴史】

第1期（昭和49年～昭和60年）	・自主保育、保育園、学童など子育て関係
第2期（昭和60年～平成8年）	・高齢者向けの食事サービス、家事・介護の助け合い、介護予防サロンなど高齢者関係
第3期（平成8年～平成19年）	・放課後の居場所、地域作業所などの障害児者支援 ・まちづくり活動
第4期（平成19年～）	・住民主体の地域運営（地域運営協議会の設置等）

　はじめの10年は、入居者の大半を占めていた子育て家庭から保育施設や学童などのニーズがあり、活動場所と人材の確保、運営資金の調達等、準備から運営に至るまでを、住民が主体となって行ってきました。次の10年間では、高齢者に関する支援やサービスへの関心が高まっていきました。

　平成19年、より住みやすいまちづくりのために各団体との連携を強化しようと、自治会や小学校・PTA、市民活動団体等で構成される地域運営協議会を設置しました。そのように、住民主体のまちづくりは次々に展開されていき、現在も続いています。

約2,270世帯が暮らしている

2 住民と専門機関との協働

🌱 まちづくりの出発点—ドリームハイツの子育て支援

すぎのこ会　昭和50年〜

幼稚園不足に悩む親たちの中から生まれた、2〜5歳児を保育している手作り幼稚園。保育のこと、環境づくり、お金のことなども、主催の親たちで話し合いながら運営しています。染物をするイベントなど、幼稚園に通う親子だけでなく、地域の人もまきこめるようなプログラムも実施しています。ドリームハイツのまちづくりの発端になった活動。

学童保育クラブ　昭和55年〜

留守家庭児童にとっての『第二の家庭』としての役割を持ち、地域の子どもたちの健全育成を担っています。

苗場保育園　昭和56年〜

志を持つ保育士を地域で応援してはじめた保育事業。通所保育、一時保育、相談活動、園庭開放などを行います。

つぼみの広場　平成8年〜

放課後等デイサービス事業。障がいのある子どもたちの放課後や余暇活動の支援を行います。中高生対象の広場と、小学生対象の広場があり、バリアフリーに改装しています。ぽっぽの家の隣にあり、小さな子どもたちとの交流もあります。

ぽっぽの家で配布されているぽっぽ通信やおしゃべり広場のご案内

おやこの広場ぽっぽの家　平成14年〜

親子で活動に参加でき、お母さんたちがほっと一息つける親子の居場所。一時預かり、育児講座、子育て相談も行います。運営している子育てネットワークゆめは平成11年に設立、平成15年にNPO法人となりました。同年より、横浜市社協の補助事業として「親と子のつどいのひろば事業」を受託。

まちづくり第2期—ドリームハイツの高齢者・障害者支援

【いくつになっても、楽しく食事を〜「ドリーム地域給食の会」】

　平成2年からはじまった「ドリーム地域給食の会」は、地域住民たちが歳を重ねていく中で、「歳をとっても食べることは大切だ」という思いから、すぎのこ会のOBなどが集まり、高齢の方や、食事作りが困難な方のために、一軒一軒への配食や、会食活動をしてきました。以前汚水処理場だった場所を改装し、厨房つきの集会所を作りました。会食はその集会所を開放して行っています。

　現在は、70代の担い手が多くなりました。スタッフの高齢化により配食サービスを続けることは難しくなり、会食のみの活動になっています。集会所に30名程が集まり、わいわい雑談をしながら一緒に昼食を食べます。食後は手作りの歌集が配られ、伴奏に合わせて歌います。歌い終わると、参加者に自然と笑顔がみられ、拍手が起こります。歌の時間を楽しみに通う方も多いようです。

　夫婦で参加しているAさんは「作る人も食べる人もみんな同じよ」と話します。参加者は、調理に参加できる時には参加し、体調がすぐれない日などは、ご飯を食べにくるだけでもよい、「お互いさま」の対等な関係です。料理が好きな方は調理を手伝い、絵が得意な方は手書きのランチョンマットを持ってきてくれます。参加者は、自分の年齢や体調、得意なことに合わせて活動を調整しています。「今日あの人来ないわね」「見に行ってみようか」と見守り機能も自然と生まれています。

女性の利用が多いが、中には男性のグループも

1回500円でデザートまでついた
栄養満点のお昼ごはんが食べられます

2 住民と専門機関との協働

【高齢者の居場所から、みんなの居場所に～「いこいの家　夢みん」～】

　平成8年4月に高齢者の居場所として「いこいの家　夢みん」の運営がはじまりました。団地の一階を借りて介護予防プログラムを中心に行い、平成9年には「夢みん」を高齢者支援の拠点にしようと、寄付金などを使って一軒を買い取り、平成12年にNPO法人となりました。同秋には市の通所型介護予防事業を受託しました。

　団地内で活動中には、1日30人ほどの利用者が出入りすることで、クレームを受けることもあり、遠慮がちに活動しなくてはならないこともありました。平成26年に道路沿いの空き店舗に拠点を移してからは、利用率もどんどんあがり、のびのびと活動しています。

外観。道路に面していて入りやすい雰囲気。毎日多くの人が出入りする

　現在までに約9,000人の利用がありました。現在は対象を高齢者に絞らず、子どもから高齢者まで誰でも参加できる地域の交流サロンとして運営しています。「夢みん」は、参加費（プログラムによる。200円～1,000円）と社協や民間からの助成金、寄付金などで運営しています。

夢みんの名前の由来は、ムーミン谷の仲間たちが、ひとつの谷で助け合って暮らしていることから

特に人気のプログラムは、健康マージャンと体操です。他にも、コーラス、歌声喫茶、囲碁、パソコン、将棋、トーンチャイム、折り紙、手芸、数独などのプログラムがあります。子ども向けに、年月に数回「世界のおもちゃで遊ぼう」という企画や、高齢者と子どもたちの将棋など多世代が交流できるキッズデーがあります。

また、今年からはじめた認知症の方やその家族も集える「オレンジサロン」は、少しずつ利用者が増えてきています。多くの団体と協働して行った「未来塾」は、講師の先生を呼んで高齢期や終末期について考えを深められるような6回シリーズの講座です。「介護者のつどい」は、小規模多機能型施設の施設長を招き、介護のアドバイスを受けたり、必要なサービスにつなげてもらうことができます。

「夢みん」は、見守り機能と住民のニーズを集める機能も持っています。「夢みん」理事の松本和子さんは、「ここは利用者とボランティアの壁がなく、ボランティアとして来ても、利用者として来ても、それが日によって変わっても行き来が自由。利用者だけでなく、ボランティアにとっても自分の居場所と感じてもらえるように配慮している」と話します。「夢みん」は、利用者と担い手の壁がなく、アットホームな雰囲気なので、誰でも気軽に利用でき、活動になじみやすいところが魅力です。

キッズデーの様子。多世代交流の場に

夢みんのプログラム

未来塾のチラシ

その他の高齢者障害者支援

ふれあいドリーム　平成6年〜
住民主体の家事などの助け合いからはじまり、現在は訪問介護事業となりました。ヘルパーによるサービスや、会員制福祉有償サービスなどを行ないます。

見守りネットセンター　平成21年〜
電気使用量の変化による見守りと、緊急ボタンによる通報をセンターでキャッチするシステムです。月曜から金曜の9：00〜15：00までコーディネーターが常駐しています。

2 住民と専門機関との協働

【住民による小さなお手伝い～ボランティアバンク・えん】

　平成20年に「ボランティアバンク・えん」がはじまりました。それは、住民の高齢化に伴い、更に小さな地域での支え合いの必要性が高まってきたからです。

　NPO法人夢みん運営委員代表の伊藤真知子さんが、常時持ち歩いている携帯1本で、生活支援の依頼受付と協力者のマッチングを行います。

　以前伊藤さんは、マッチングをしながら「もっと近隣の住民で助け合えれば…」と感じていました。その後に行った住民アンケートでは、地域のために小さなお手伝いならできるという声が3,411件も寄せられました。松本さんと伊藤さんは、改めて住民の自治意識の高さを実感し、近隣住民同士の支え合いの可能性を感じました。えんの活動は現在年間270時間程ですが、今後増えていく見込みです。

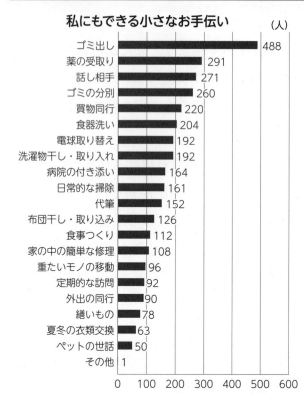

利用料金		
8時から18時	1時間	700円
	30分	350円
上記以外	1時間	900円

私にもできる小さなお手伝い (人)

- ゴミ出し 488
- 薬の受取り 291
- 話し相手 271
- ゴミの分別 260
- 買物同行 220
- 食器洗い 204
- 電球取り替え 192
- 洗濯物干し・取り入れ 192
- 病院の付き添い 164
- 日常的な掃除 161
- 代筆 152
- 布団干し・取り込み 126
- 食事つくり 112
- 家の中の簡単な修理 108
- 重たいモノの移動 96
- 定期的な訪問 92
- 外出の同行 90
- 繕いもの 78
- 夏冬の衣類交換 63
- ペットの世話 50
- その他 1

住民アンケートの集計結果
お手伝い可能な人の年齢は10代から90代まで幅広い申し出があった

まちづくりの中心―深谷台地域運営協議会

　深谷台地域運営協議会は、平成19年に深谷台小学校区及びその周辺地域の住民相互の助け合いや連携を強化し、より住みよいまちづくりを推進するために発足しました。横浜市の身近な地域元気づくりモデル事業として、まちづくりの中心となって活動しています。

① 団体同士を結ぶ

　複合的な問題や、ひとつの団体では解決できない大きな課題に対し、関連団体と協働で問題解決をめざします。各団体のゆるやかな連携を活かして、地域と学校のつながりを推進したり、地域の高齢化対策を推進する取組みを、協議会が中心となって行います。

② 住民のニーズへのアプローチ

　全戸対象の住民アンケート、子育て世代対象のアンケートを実施し、住民のニーズを調査したり、地域の資源を把握するようにしています。月1回の定例会で結果について議論します。アンケートの結果や情報発信は、ホームページや、全戸配布のエリマネニュースという新聞を発行して行います。

構成団体（25年度）

市ドリームハイツ自治会、県ドリームハイツ自治会、アークプラザ自治会、横浜市深谷台小学校、横浜市深谷台小学校PTA、NPO法人いこいの家　夢みん、ドリーム給食の会、NPO法人ドリームの丘、ドリームハイツ地域のつどい、NPO法人ふらっとステーション・ドリーム、NPO法人ふれあいドリーム、深谷台アフタースクール、地域と子どもネットワーク会議、俣野公園プレイパーク、見守りネットセンター、横浜市戸塚区役所

全戸配布している広報誌「エリマネニュース」

【その他のまちづくり団体の活動】

地域のつどい	
地域の9団体とゆるやかにネットワークを組み、必要な課題へ向けて各団体と情報交換等を行います。	
県ハイツ防火隊	
災害予防活動や住民への啓発活動、設備の点検、防災訓練や救命訓練の実施などを行ないます。	
ドリームの丘	
公園や野球場、ハイツ内の環境整備など、薬科大や関係機関との連携事業を行ないます。	
ニコニコクラブ	
児童との交流・小学校内の地域交流拠点の活性化のため、みんなで卓球を楽しみます。	
ふらっとステーション・ドリーム	
みんなの交流の場、居場所、サロン、マイショップの運営と毎日の食の提供を行います。	
深谷台アフタースクール	
宿題中心の放課後自習教室。空き教室を使い、無償ボランティアが、児童に勉強を教えています。	
俣野プレイパーク	
子どもたちが広い芝生で自由に遊ぶ場を提供。プレイリーダーが一緒に遊びます。	
地子ネット（地域こどもネットワーク会議）	
地域の子ども・子育て関係団体のネットワーク。自治会や学校も含め20団体が協力し、子育て世代を対象に調査や支援を行います。	

2 住民と専門機関との協働

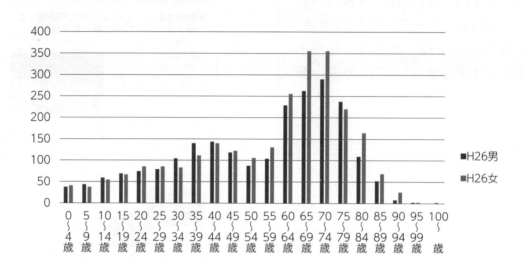

年齢5歳区分別・男女別人口構成　H26
《総合計＝4,826、男＝2,281、女＝2,545》

🔵 高齢化率が50%に。切れ目ない支援をめざす

　現在のハイツの人口は4,826人で、70代が最も多く暮らしています。戸塚区の高齢化率は23%ですが、ドリームハイツでは間もなく高齢化率50%を迎えます。そのため、新たな担い手の確保と、その担い手が継続的に活動できるしくみづくりが課題です。

　現在、ボランティアの数は約400〜500名で、大半が60歳以上の住民です。また、ボランティアに支払われている時給は250円から300円程です。近年、ドリームハイツの隣に新しい集合住宅が建ち、若い世代が転入してきましたが、若年世代のボランティアがなかなか集まりません。松本さんは、「新しい人材にも、まちづくりに入ってきてほしいが、新たな人材を取り込むことや活動維持のための費用が不足している」と話します。

　また、松本さんがめざすドリームハイツの姿は孤独死と虐待がゼロの地域です。見守り活動などが行われていても、今でも数件高齢者の孤独死があります。現在は見守りが必要な人の情報を各団体がバラバラに把握している状況ですが、今後ひとつに集約していく必要があります。松本さんは「社協や区と以前より連携が取れてきていて、信頼されていると感じる。カフェやサロンが市内に増えてきたことによって、ネットワークができてきた。地域で過ごせるうちは地域で過ごしてもらい、支援が必要になった時、なるべく早く適切な支援に結び付けられるよう、関係機関との連携をもっと強くしていきたい」と話します。

🔵 現在の住民のニーズにこたえたい

　地域のニーズは数年ごとに変化がみられます。今後は生活支援のニーズが高まることが予想されます。また、現在住民からは、身近で行えるリハビリ、医療との連携、看護ステーションの設置、小中学生の居場所などを望む声があります。

松本さんは「ハイツは丘の上、近くできるケアプラザなどともつなぐ巡回バスがあったらうれしい。複合施設を作って、1階に色々な支援団体が集まり、2階より上に単身の高齢者が住めるようになったら孤独死もゼロになるかもしれない。夢は膨らみますね」と今後のまちづくりへの期待を話します。

プレイパークの様子

緑が多く手作りの遊具もたくさん

敷地がとても広く、高齢の方では移動が大変

給食の会の準備の様子

3 新たな支え手の育成

東京都
三鷹市・三鷹市社協

8 住民を地域福祉の担い手として育てる

POINT

① 三鷹市・武蔵野市・小金井市の社協・市およびルーテル学院大学が協同で、地域福祉活動の担い手を育成するため、住民が参加する「地域福祉ファシリテーター養成講座」を開催している。

② 三鷹市社協は講座参加者との話し合いに参加し、地域の情報や他団体との橋渡しなどを担っている。養成講座修了後にも、活動の悩み相談やボランティア登録等で継続的にかかわっている。

③ 養成講座修了生が自主グループを起ち上げ、居場所づくりやイベント開催など、自分たちが楽しみながら新たな地域活動を展開している。

地域福祉ファシリテーター養成講座の様子

事業のあらまし

　三鷹市では、市内を7つのコミュニティ住区に分け、住民団体や個人から構成された住民協議会がコミュニティ・センターを運営しています。平成16年には自治会・町会や住民協議会、関係団体等が参画する「地域ケアネットワーク」が組織化され、住民主体の活動が培われてきました。平成21年には、地域で主体的に活動する住民の学びの場として「地域福祉ファシリテーター養成講座」が開催されました。修了生が自主グループをつくり、既存の地域団体と連携しながら、新たな活動が展開されています。

社会福祉法人　三鷹市社会福祉協議会
- 住所　三鷹市野崎1-1-1福祉会館内
- TEL　0422-46-1108
- URL　http://www.mitakashakyo.or.jp/

三鷹市の状況

　三鷹市は、都心から西へ約18キロメートル、東京都のほぼ中央に位置しています。面積は16.42平方キロメートル、人口は18万2,570人（平成27年4月1日現在）、65歳以上人口は3万8,000人で高齢化率21.1％です。平均寿命が長く高齢者の独居・2人暮らしが多いですが、近年ファミリー層の人口流入が増えています。

　三鷹市では、昭和47年からコミュニティ行政の歴史をふまえ、少子高齢化時代の"世代を超えた新しい支えあいのしくみづくり"をめざしてきました。市内を7つのコミュニティ住区に分け、各住区に市民が利用できる複合施設であるコミュニティ・センターを設置しています。住区内の団体や個人から選出された委員により構成された住民協議会が指定管理者として、コミュニティ・センターの管理・運営を行っています。住民協議会は、既存の地縁団体など諸団体との関係を保ちつつ、祭りやイベントなどを実施しています。また、地域のボランティア団体と連携し、リハビリテーションや給食サービスなども実施し、住民と行政との協働のまちづくりをすすめています。活動者の高齢化・固定化や、コミュニティ・センター利用者の低迷化・固定化などの課題もあります。

活動の拠点であるコミュニティ・センター
写真は井の頭コミュニティ・センター

防災講座とコミュニティ・センターまつり

地域ケアネットワーク（ケアネット）

　三鷹市では平成16年度から、高齢者や障害者、子育て家庭をはじめ、誰もが住み慣れた地域で安心して暮らせるよう新たな支え合いのしくみ「地域ケアネットワーク」づくりをすすめています。本人や家族による「自助」と、行政による福祉サービス・事業などの「公助」の間に、行政と地域住民・活動団体・関係機関・事業者が協働する「共助」の関係を作り、地域課題の解決を目指すものです。構成団体・機関は、住民協議会や町会・自治会、民生児童委員協議会、社会福祉協議会、NPO団体、医師会・歯科医師会、地域包括支援センター、シルバー人材センター、学校や保育園、行政機関等です。

　地域ケアネットワークは、コミュニティ住区を単位としています。平成27年2月に7箇所目となる大沢地区で設立し、現在市内7つ全ての住区で展開されています。各地域ケアネットワークでは、地域の課題や、課題解決に向けた話し合いを行うとともに、地域サロンやちょっとした生

3 新たな支え手の育成

活のお手伝いサービスなど、各地域にあった事業を行っています。地域の居場所づくりサロン事業、ちょっとした困りごとのご近所同士のお手伝いや見守りのしくみづくりなど、地域ごとに事業を検討し、運営しています。住民主体の活動とつながりづくりに時間をかけて丁寧に行うために、市の健康福祉部がケアネットの事務局を担っています。

図1　コミュニティ住区と7つのケアネット

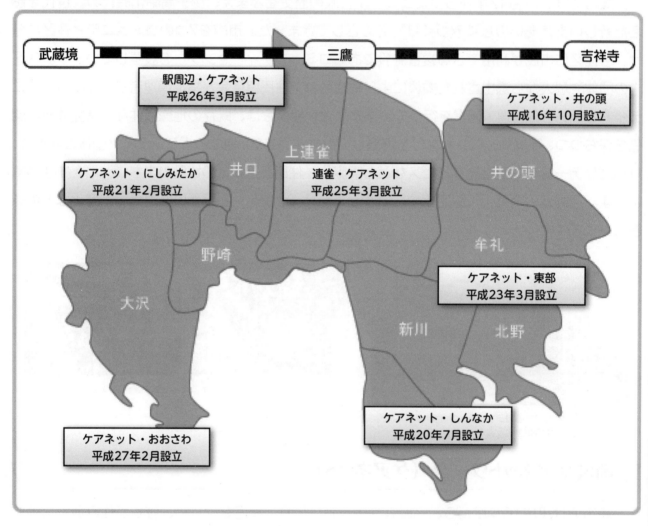

図2　地域ケアネットワークの主な構成団体・機関
（構成団体は各ケアネットによって異なる）

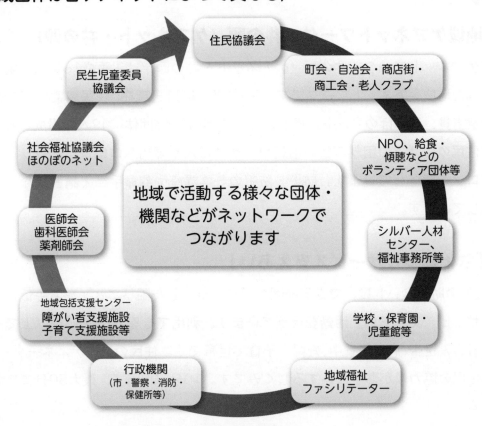

地域ケアネットワークの主な活動内容

地域サロン活動
- 地域住民が茶話会等を通して交流し、顔見知りをつくっている
- 専門機関等への相談や何気ない見守りにつながっている
- 赤ちゃんとママサロンも開催

見守り・支えあい活動
- 地域でのゆるやかな見守り方を学ぶ出前講座
- 声かけ・挨拶運動
- ちょっとした生活の困りごとをご近所でお手伝い

地域向け講座
- 認知症講座、防災講座、赤ちゃんの応急救護講座

多世代交流
絵本の読み聞かせや昔遊び等を通じて、地域の大人と子どもが一緒に遊び、顔見知りになるきっかけづくり

活動例

地域ケアネットワーク・井の頭（ケアネット・井の頭）

地域ケアネットワーク・井の頭（ケアネット・井の頭）は、平成16年に三鷹市で最初に設立された地域ケアネットワークです。平成27年4月1日現在、住民協議会、町会・自治会、民生児童委員、ほのぼのネット、商店街等の組織合計38団体、49人で構成されています。

地域住民の生活上の困りごとの相談や、サービスや専門窓口につなげたり、地域住民の交流サロンを開催しています。防災・防犯のミニ講座や救命手当て講習会などのミニ講座も開催しています。

「ちょこっとサービス支えあい」

「ご近所の助け合い」は、できる範囲の"ちょっとした困りごと"をお手伝いする「ちょこっとサービス支えあい」活動を行っています。利用できる方は、65歳以上で一人暮らしや高齢者のみ世帯、病気療養中、妊婦や子育て世帯です。住民のコーディネーターが仲介し、近所の住民の協力員がお手伝いするしくみです。10分100円で、最大50分までお手伝いしています。

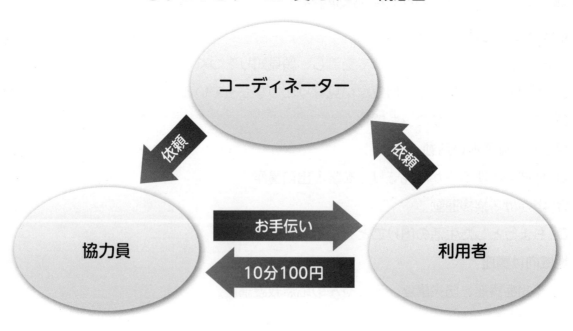

ちょこっとサービス支えあい　概念図

お手伝いの例（サービス提供の内容）50分以内でできるサービス

- 電球・電池の取り替え
- 時計合わせ
- ゴミの搬出
- 植木の水やり
- 軽易な家具の移動
- 狭い範囲の草取り
- 狭い範囲の庭や玄関周りの掃除
- 体調不良時、重い荷物になる時の買い物
- 台所周りの整理
- ビンカンのふた開け
- 衣類の整理
- 天袋などの荷物の上げ下ろし
- その他、小さな困りごと

【利用対象者】
三鷹市井の頭在住で、以下に該当する方
① 65歳以上の一人暮らしの方
② 65歳以上のみの世帯の方
③ 障害のある方がいる世帯
④ 一人暮らしで病気療養中の方
⑤ 妊婦及び子育て中の世帯の方

など

その他にも、井の頭地区内の高齢者等の見守りを行う「井の頭見守りネットワーク（愛称：みまもるん）」のしくみがあります。多くの方に知ってもらうため、公募により愛称とキャラクターを作りました。

井の頭見守りネットワークのチラシ

近所付き合いをベースにした「ほのぼのネット活動」

　三鷹市では、住みなれた地域で、誰もが安心していきいきと暮らせるまちづくりをめざして、「ほのぼのネット員」が良き隣人として、悩みごとの相談相手となり解決まで手助けする活動（ほのぼのネット活動）をしています。近所づきあいをベースにした活動で、日常生活を送りながら地域を見つめ、さまざまな福祉ニーズを発見し、解決に向けて活動しています。ネット員は単独で活動するのではなく、近隣住民や地域のさまざまな社会資源を結んで"助け合い"や"支えあい"の精神に基づいたネットワークを形成することをめざしています。

　三鷹市社協の指定する地域（地区）に住むネット員で構成される「ほのぼのネット班」を組織し活動しています。各班は20名程度で、民生児童委員やボランティア団体、赤十字奉仕団、老人クラブ、町会・自治会等の団体と個人ボランティアの方々で構成されています。主な活動は、高齢者や子育て中の方などを対象としたお茶会、お食事会、公園散策、身近なテーマで講座（講演会）、講習会の開催、お話や相談相手、見守りなどです。

ほのぼのネット活動の様子

住民をファシリテーターとして育てる

　三鷹市・武蔵野市・小金井市の社協・市では、ルーテル学院大学と協働で、地域福祉活動の担い手を育成するため、地域活動に役立つ知識や実践的なスキルを学び、交流を深める「地域福祉ファシリテーター養成講座」を平成20年から開催しています。受講した住民自身が地域の福祉課題や地域で支援を必要としている人を発見し、自分の能力、人脈、社会資源を生かして、具体的な支援活動を企画、実施できることをめざしています。

熱心に参加する養成講座の様子

　三鷹市では、地域ケアネットワークの一環として、市が社協に委託して実施しています。参加者は毎年25名程度で、三鷹市からは10〜15名が参加しています。当初は、参加者は既に地域で活動しているケアネットのメンバーが参加して学びを深めていました。数年後には一般公募し、地域でボランティア活動をしている方に加え、定年退職された男性や子育て中の方も参加するようになりました。

地域の活動をイメージするグループ学習

　養成講座は、7日間の講義と2回のグループ学習があります。地域の福祉課題や地域で活動する際のポイント等の講義に加え、体験的な演習やフィールドワークを盛り込んでいます。グループ学習「地域の福祉課題を調査する」では、地域での活動をイメージしてもらうため、受講者が地域で活動したいテーマを絞り込み、社協やルーテル学院大学の先生に紹介してもらいながら防災活動や中高生の居場所づくりをしている団体、認知症家族支援の会等にヒアリングをしています。

グループワークの様子

　そして、次のグループ学習では、講座修了後の活動を具体化するため、地域でしたいことを話し合い、計画を立案します。話し合う際には社協やルーテル学院大学の先生がかかわり、活動拠点場所や、既に地域で活動している団体の情報提供をしています。また、社協は活動に行き詰まった際の相談や、他の団体等との橋渡し、ボランティアセンターへの登録、助成金情報の提供も行い、地域での活動を後押ししています。

3 新たな支え手の育成

表1　地域福祉ファシリテーター講座内容

	プログラム
1日目	講義「これからの社会福祉と地域福祉ファシリテーターの役割」 講義・演習「地域で役立つ社会資源を発見する」
2日目	演習「地域の福祉課題を考えよう」
3日目	講義・演習「地域でサポートするときの人との関わり方」
4日目	実践交流「地域の活動実践交流　―講座修了生の活動を知ろう」
グループ学習	「地域の福祉課題を調査する」
5日目	福祉課題レポート発表
6日目	講義・演習「活動の計画をたてる手法を学ぶ」
グループ学習	「福祉課題解決に向けた『新たな支え合い』活動を企画する」
7日目	プレゼンテーション「私たちが企画する『新たな支えあい』活動」 修了式

広がる修了生の活躍

　地域福祉ファシリテーター養成講座は、平成20年から7期目を迎え約200名の修了生を送り出しました。三鷹市で約70名です。三鷹市では、修了生が5～8名で集まり自主グループを形成し、地域で新たな支え合い活動が行われています。

　「ファシリテーター第2期生の会」は、地域ケアネットワークと協働し、乳幼児を持つ母親向けに救命救急講習（年1～2回）を開催しています。救命救急講習終了後には、メンバー手づくりのお菓子とお茶を用意して母親同士の交流会も行っています。

　また、「ハッピーグランパ倶楽部」は、シニア世代の地域デビューをサポートし、「地域のおじいちゃん（グランパ）」として孫世代と交流しています。現在は、グライダー（飛行機）を子どもと一緒につくって遊ぶプロジェクトを行っています。

　「ぬくぬくカフェ鷹野」では、住民同士が顔を合わせ、話をする機会をつくることで、日常生活や災害時にお互いを「気にする」関係を築いています。具体的には都営住宅の住民を巻き込んで月1回の「ぬくぬくカフェ鷹野」を開催しています。

　他にも、「三鷹の居場所プロジェクト」では、誰でも気軽に立ち寄り、コミュニケーションを持てる場をつくり、市民の気づきにより助け合うことのできる地域をめざしています。具体的には、メンバー宅を開放したサロンを開催しています。

　三鷹市社協の職員は「養成講座の参加者は意欲が高く、修了後も自主的な活動が広がっている。居場所の活動等は『自分たちも一緒に参加して楽しめる』ことを大事に活動している」と話します。

「三鷹の居場所プロジェクト」
三鷹市上連雀2-7-5

毎月第2火曜日　10時〜15時　参加費100円。「さとうさんち」の看板が出ている佐藤さんのおうちです。

「食DE絆―学生と一緒にランチタイム―」
世代を超えた地域の方々の交流の場として、ルーテル学院大学の学食を活用したランチ会を開催。ルーテル学院大学の大学生も巻き込んで、多世代が気軽に参加できる場を目指している。

毎月第3水曜日11時〜13時（ただし8月、2月、3月はお休み）

地域ケアネットワークと地域福祉ファシリテーターの連携を促す

　三鷹市では、地域ケアネットワークと地域福祉ファシリテーターの合同学習会を開催しています。合同学習会は、7つのケアネット委員と地域で活動しているファシリテーター修了生同士が、互いの活動を紹介し、お互いの顔と活動を知ることで、連携や協力した取組みを促しています。

　三鷹市社協の職員は「定年退職された方の持つ経験やスキルを地域で生かしてもらうためにも、養成講座の取組みを継続していきたい。今後は、高齢者の居場所づくりに加え、不登校の中高生の居場所づくりも必要」と話します。

　団塊の世代の定年退職がすすみ、さまざまな知識と経験を持つ方が地域に増えています。大学と連携した養成講座の取組みは、活動したい人を後押しし、地域に新たな取組みを生み出しています。

新しい総合事業への移行について

　三鷹市では、平成28年4月に新しい総合事業に移行します。生活支援コーディネーターの役割や協議会のあり方等について、市、地域包括支援センター、社協によるワーキングチームで検討しています。平成27年度に市内2地域でモデル事業を実施し、その結果をふまえてすすめていく予定です。新しい総合事業をすすめるにあたって、「地域ケアネットワーク」など、既存の地域組織との連携方法についても検討をすすめています。

3 新たな支え手の育成

神奈川県　鎌倉市
高齢者生活支援サポートセンター事業

⑨ 市民の支え手を育てる

POINT

① 市民が養成講座を受講してサポーターとなり、同じ市民の生活支援を行っている。

② サポーターは自分の特技を活かした活動を行い、生きがいが生まれている。

③ 支援を受ける側にとっては、同じ市民による支え合いなので敷居が低く、今まで支援を受けてこなかった方も利用しやすい。

事業のあらまし

　鎌倉市では、市内に在住する65歳以上の一人暮らしの高齢者（日中独居の方）や、高齢者のみの世帯、要介護認定を受けている場合は、要介護1、要支援1・2程度の軽度の方に、趣味やいきがい支援、外出支援、家事支援等を行う市民をサポーターとして養成して支援する「高齢者生活支援サポートセンター事業」を実施しています。サービスを受けるのも市民、提供するのも市民という、"地域の助け合い"により高齢者を支えています。

　介護保険制度によるヘルパー派遣や家事の代行ではなく、在宅生活でその人らしく支えるための活動です。

鎌倉市の状況

　神奈川県鎌倉市は、三方が低い山で囲まれ海に面する地であり、かつては鎌倉幕府が置かれた地です。人口は17万7,000人、高齢者人口は5万3,000人で、高齢化率は約30％です。要介護認定者は約1万人です。

　鎌倉市では介護予防のための各種「健康づくり教室」を開催しています。認知症予防のためのコグニサイズを含め、栄養改善、口腔機能の向上など総合的に実施する「元気アップ教室」、プールでの水中歩行や、フィットネスマシーンなどで運動機能の向上を図る「からだの元気アップ教室」などがあり、教室終了後は、各地域で活動している自主グループにつながるようにしています。

【鎌倉市の状況　平成28年4月1日現在】

総人口	17万6,869人
高齢者人口	5万3,541人
高齢化率	30.27％（27年3月末）
要介護認定者数（要支援1〜要介護5）	1万68人

介護度	1号被保険者	2号被保険者	合　計
要支援1	1,441人	11人	1,452人
要支援2	1,213人	15人	1,228人
要介護1	1,982人	29人	2,011人
要介護2	1,854人	46人	1,900人
要介護3	1,342人	25人	1,367人
要介護4	1,163人	21人	1,184人
要介護5	906人	20人	926人
合　計	9,901人	167人	10,068人

3 新たな支え手の育成

🔹 高齢者生活支援サポートセンター事業とは？

　高齢者生活支援サポートセンター事業とは、鎌倉市内に在住する65歳以上の一人暮らしの高齢者（日中独居の方）や、高齢者のみの世帯、要介護認定を受けている場合、要介護1、要支援1・2程度の軽度の方に、趣味やいきがい支援、外出支援、家事支援等を行う市民をサポーターとして養成して支援する事業です。

　サービスを受けるのも市民、提供するのも市民という、"地域の助け合い"により高齢者を支えています。介護保険制度によるヘルパー派遣や家事の代行ではなく、在宅生活でその人らしく支えるための活動です。活動する際には、サポーターがすべて行うのではなく、利用者と一緒に行い、利用者ができない部分をサポーターが支えるようにしています。サポーターは、平成27年7月現在、40代から80代までの約100名が登録しています。子育てがひと段落した女性や、定年した男性が登録しています。市報などで広く住民に周知しています。

　活動時間は平日の9時から18時、利用時間は原則として1時間程度です。必要があれば、その後は30分ごとに延長します。1か月に2～4回程度で継続的に支援するのが基本です。利用料は1時間900円です。その後の20分を超えた場合は、30分ごとに450円を追加で支払うこととなっています。交通費は実費です。利用料金は、利用者が支援を受けた後、その場でサポーターに支払うしくみです。

利用できる人
- 市内在住の65歳以上のみの世帯の人や、日中は1人になる65歳以上の人
- 要介護認定を受けている場合は、要支援1・2、要介護1程度の人

支援の内容
- 趣味や生きがいのための支援（囲碁や将棋、話し相手など）
- 外出支援（展覧会や音楽会、散歩など）
- 自立支援の妨げにならない程度の家事支援

時間・利用料など
- 平日9：00～18：00
- 1時間程度で継続的な支援（1か月に2～4回程度）。
- 利用料は1時間900円（交通費は別途実費）

受けられない支援の一例
- 身体介護
- 1人では歩行できない人の外出支援
- 専門業者が行うような室内の清掃など
- 自動車を使用した送迎
- 銀行の手続き、金銭の管理
- 契約行為の代理、立会人としての署名など

利用の流れ

① ご本人から直接、もしくは地域包括支援センターやケアマネジャーから高齢者生活支援サポートセンターに相談

↓

② サポートセンター相談員が、利用希望者宅へ状況確認のため訪問

↓

③ サポートセンターで対応が可能な場合、利用者として登録（登録できない依頼の場合には、可能な限り別制度の紹介を行う。）

↓

④ ご本人、もしくは地域包括支援センターやケアマネジャーと相談して支援内容を決定

↓

サポーターの支援開始

生活支援サポーターとの交流による効果

　生活支援サポーターを利用することで、利用者にはサービスを受けるだけでなくさまざまな効果が生み出されています。

① 1人暮らし高齢者や高齢者のみの世帯とかかわることで、孤立感や不安感の解消、閉じこもりの防止につながることが可能になります。

② 介護や医療のサービスだけでなく、定期的に人が訪ねてくることにより、日常生活が精神的に豊かになり、生活の質を満たすことが可能になります。

③ 1人暮らし高齢者にとって、地域の生活支援サポーターとの交流は、認知症の予防や要介護状態にならない健康な体力を維持することが可能になります。

サポーターも生きがいを得られる

　生活支援サポーターは、サポートを受けるのも市民、提供するのも市民であるため敷居が低く、介護保険等の公的な支援を受けるのに抵抗を感じている人にとって、スムーズに利用がすすむメリットがあります。また、サポートを受ける人と提供する人をコーディネートする際には、なるべく同じ地域に住んでいる人同士にするよう調整しています。サポート活動がきっかけで顔馴染みになり、挨拶が生まれ、声をかけ合うなどの地域のつながりづくりになることを期待しています。

　サポーターにとっても、自分の特技（男性は力仕事や囲碁、女性は家事や話し相手など）を活かして活動することで、誰かのために役立っていると実感でき、生きがいを得ることができます。

押入れの荷物を下ろして整理整頓する
利用者（右）とサポーター

利用者の声

- 庭の手入れは1人ではとても大変ですが、ご縁があって一緒に管理していただいています。手伝っていただいて、とても安心ですね。人と人とのつながりを感じています。
- サポーターさんに来ていただいて、とても助かっています。1人だとおっくうな作業も、共同作業だと意欲が湧いてくるんですよ。気配りに感謝しています。掃除や片付けなどで困っている人は、ぜひ支援してもらってみては。
- 1人での外出が不安なので、サポーターに同行してもらい、友人の家やデパートへバスや電車で外出できるようになりました。苦手だったエスカレーターにも乗れるようになりました。

サポーターの声

- 少しでも人のお役にたてること、手助けできることが生きがいです。張り合いがあって、これ以上の喜びはありません。庭のことも興味を持って勉強しています。今日は利用者さんの好きな花も一緒に植えました。移植したサクラをぜひ咲かせたいですね。高齢者を支えるには、若い人はもちろん、世代が近いものだからこそできることも、たくさんあるんです。
- 信頼関係を大切に、利用者さんのお気持ちになって、心から言葉を発し、耳を傾けていけた。お互いに気遣い、助け合って、サポートの本来あるべき姿がここにあると思います。気持ちよく働かせていただき、このご縁を嬉しく思っています。

高齢者生活支援サポーター養成講座

　高齢者生活支援サポーター養成講座は年間4回、2日間の日程で行われています。内容は、鎌倉市の高齢者の状況、介護保険制度の概要、コミュニケーション方法、認知症の人への接し方、生活支援サポーターのあり方などです。講師は市職員や大学の非常勤講師、主任介護支援専門員、介護福祉士が担っています。

生活支援サポーター養成講座の様子

　課題は、サポーターに登録したのに活動につながらない人が約半分いることです。そのため、「高齢者生活支援サポートセンター」では、サポーターのモチベーションを維持するため、登録したサポーターが月1回集まる「サポーター会議」を開催しています。そこでは、サポーター活動の報告、やりがい、気をつけることなどを共有し、まだ活動をしていない人への刺激になっています。

鎌倉市高齢者生活支援サポーター養成講座カリキュラム

　高齢者生活支援サポーター養成講座は2日間かけて、サポーターのしくみや活動するうえでのポイントを学びます。

	目的・内容
1日目	鎌倉市の高齢者の状況、介護保険制度の現状と介護保険外の高齢者への公的サービスについて
	高齢者の身体的変化と老化、地域包括支援センターの役割について
	信頼関係をつくるコミュニケーションについて学ぶ
	生活支援サポーターのしくみについて
2日目	認知症の人のコミュニケーションのあり方について
	食支援について
	実際の活動内容、生活支援サポーターのあり方
	サポーター登録について

介護予防・日常生活支援総合事業への移行

　鎌倉市は、平成29年4月までに新しい総合事業に移行する予定です。現在は、総合事業への移行に向けての準備、体制づくりをしています。「高齢者生活支援サポートセンター事業」を新しい総合事業へ移行することについては検討中です。

第3章

在宅医療・介護連携推進事業の実践事例

介護保険法改正において、区市町村による新たな地域支援事業の一つに「在宅医療、介護連携推進事業」が位置づけられました。区市町村が医療と介護の連携を推進してきた4つの取組みを掲載しています。

東京都　府中市
在宅療養環境整備推進協議会

1　顔の見える多職種連携の推進と地域包括支援センターによる在宅療養相談窓口

POINT

① 在宅療養環境整備推進協議会を設置し、多職種の顔の見える関係づくりをすすめるとともに、市内の地域資源を把握して課題と情報の共有をすすめてきた。
② 身近な各地域包括支援センターを在宅療養相談窓口に位置付けた。地域包括支援センターに介護予防コーディネーターを増配置しているので、看護師（保健師）が医療に関する相談業務を担いやすい。
③ 各地域包括支援センターを相談窓口としつつ、市の高齢者支援課の在宅療養推進担当が後方支援するしくみを作った。
④ 府中市らしい市民にとっての連携をめざしている。

「在宅療養を支える100人の集い」での集合写真

事業のあらまし

　以前、在宅介護支援センター（当時）に病院から「明日、退院します」という連絡が来ることが急に増えてきた時期がありました。そこで「病院側に在宅介護支援センターのことを知ってもらいたい」と病院MSWと在宅介護支援センター（当時）の情報交換の場をつくり、相互理解をはかれるようにしました。25年には在宅療養環境整備推進協議会を公募市民も交えて立ち上げ、多職種の顔の見える関係づくりをすすめてきました。また、市民に対し、在宅療養の窓口を明確にするため、身近な地域包括支援センターを「在宅療養に関する相談もできる窓口」として位置づけ、その後方支援および調整窓口を市役所の高齢者支援課内に設置しています。そして、市民が主体的に選択できるための府中市らしい連携をめざしています。

府中市役所

- 住所　〒183-8703　府中市宮西町2丁目24番地
- TEL　042-364-4111（代表）

「明日、退院します」と連絡が来る状況を改善するために
~病院と在宅介護支援センター（当時）の情報交換会の場づくり~

　平成12年に介護保険制度がスタートしてから3～4年が経過した頃、在宅介護支援センター（当時）に病院から「明日、退院します」という連絡が来ることが急に増えてきた時期がありました。市独自の日常生活用具貸与・給付事業によって介護保険の認定を受けていなくても介護ベッドの貸与が受けられることから、その窓口である在宅介護支援センターに「介護用ベッドの手配をよろしくお願いします」と連絡があります。医療依存度の高い方が入院治療は終えて、本人と家族に在宅療養の十分なイメージもないままに在宅に帰ってきました。それは、ひとり暮らし高齢者や高齢者世帯、キーパーソンが不在な困難ケースもそういった状況がありました。特に余命の迫った末期患者の方が何の準備もなく地域に戻ると、どういうケアが必要かを考える時間を十分に確保できないことになります。

　当時、府中市社協に基幹型在宅介護支援センターが設置されており、そこには市の保健師も出向し、市内の在宅介護支援センターのネットワークの拠点となっていました。前述のような状況がみられたことから、基幹型在宅介護支援センターでは近隣に所在する病院に呼びかけて市内の在宅介護支援センターとの情報交換会を実施しました。病院からはMSWや病棟看護師が参加しています。「病院側に在宅介護支援センターのことを知ってもらいたい」という場を在宅介護支援センターをバックアップする拠点である基幹型在宅介護支援センターが作ってくれました。

　この情報交換会は、その後、もう一つ、精神科の病院との情報交換会も設置する取組みに広がり、現在も隔年で病院と地域包括支援センターの情報交換会として実施しています。情報交換がはじまった当時からを知る地域包括支援センター泉苑の清野哲男さんは「この情報交換を機に、病院と地域の相互理解がすすみ、今では特に脳梗塞などの疾患では『明日、退院します』という連絡はほぼなくなった。ただ、がん患者の緩和ケアでは、本人と家族の意向の調整などに時間がかかるのか、今でも在宅療養に向けた相談が来るのはタイミングとしては遅い傾向にある」と話します。また、「病院側も地域包括支援センター側もスタッフが変わることがあるので、情報交換は継続して行われていることに意義がある」と指摘します。

　こうした経験からは、医療と介護の連携を推進するうえで、市の全域を対象に現場を後方支援する機能の重要性をうかがうことができます。

　府中市は、高齢の市民が入院する際、市内またはその周辺に中核的な病院も整っており、また、リハビリ病棟をもつ病院もあるほか、老人保健施設も約480床あります。また、家族介護者支援として、医療的ケアが必要なため老人保健施設等でのショートステイが利用できない高齢者のために、市独自に「高齢者医療ショートステイ」制度があります。これは在宅で療養している65歳以上の高齢者で医療的ケアが必要で、病状が安定している方の在宅生活の継続を支援するための制度で、月7日を限度に市内の医療機関に短期入院できます。一方で、市民が安心して在宅療養のできる環境を整えていくためには、医療と介護の連携をさらにすすめていく必要がありました。

医療・保健・介護が共通理解をもって顔の見える関係で連携
～在宅療養環境整備推進協議会の設置と多職種連携に向けた取組み～

　府中市では、東京都の区市町村包括補助事業を活用し、平成25年10月に「府中市在宅療養環境整備推進協議会」（会長：太田貞司　神奈川県立保健福祉大学名誉教授、以下、「協議会」）を設置しました。医師会、歯科医師会、薬剤師会、病院、居宅介護支援事業所、訪問介護事業所、訪問看護ステーション、地域包括支援センター、府中市社会福祉協議会、東京都社会福祉協議会、多摩府中保健所、公募市民から構成する協議会です。平成25年度・26年度の2年間に、表1のような取組みをすすめてきています。

　同協議会委員の清野さんは、協議会が設置されてからの取組みの成果を次のように話します。「地域包括支援センターの業務を通じて、ある程度知ってはいた病院の先生との敷居が低くなった。また、訪問介護事業所の立場からも協議会で意見を言うことができるようになった。医療との連携をすすめるための取組みにそれぞれの職種が市内で参加を呼びかける動きにもなっている。都立の多摩総合医療センターや都立保健所の立場からも委員に入ってもらっているので、医師への働きかけも得やすい」と指摘します。多摩総合医療センターの緩和ケアカンファレンスと共催して行った「在宅療養を支える100人の集い」は、オープンで自由な会話が成立しやすいワールドカフェ方式により実施し、1回目の参加者80人のうち、医師・歯科医師・薬剤師からも19人の参加を得て、顔の見える関係での多職種交流となりました。参加者からは「他の職種と本音で話ができた。『ある、ある』ということがたくさんあった」「医師の方となかなか話ができなかったのでよかった」「自分の職種の必要性を再確認できた」などの感想がみられました。顔の見える関係ができることで、「この病院のこの人に相談すればよい」というのがわかってきます。

表1　府中市在宅療養環境整備事業の取組み

1年目（平成25年度）
（1）在宅療養環境整備推進協議会の立ち上げ
（2）在宅療養に関する地域資源調査（医療）の実施
（3）在宅療養を支える100人の集い（多職種連携に関わる交流）の実施
（4）医療と介護の連携に関わるミニシンポジウムの開催

2年目（平成26年度）
（1）地域資源調査のまとめ
（2）在宅療養支援窓口設置の検討
（3）在宅療養を支える100人の集い（多職種連携に関わる交流）の実施
（4）多職種連携研修会の開催
（5）市民向け講演会の検討

地域における医療と介護の連携を後方支援する市の役割

～在宅療養に関する地域資源調査の実施～

　平成26年1～2月に実施した「在宅療養に関する地域資源調査」は、市として市内診療所・病院、歯科医療機関、薬局、訪問看護ステーションを対象に実施したものです。在宅療養の相談対応に活用することを目的に個別の機関の対応状況をとりまとめています。平成27年度には居宅介護支援事業所も対象に同様の調査を行い、市としてこの情報を定期的に更新していくことを考えています。

　こうした取組みからは、地域において市民のために医療と介護がスムーズに連携していくための市としての後方支援の役割の重要性が見えてきます。また、市内の在宅療養環境の現状を把握し、どのような課題が市内全体としてあるかを明確にしていくことにもつながっていきます。

在宅療養に関する相談窓口を明確に

～地域包括支援センターを在宅療養相談窓口とし、市が後方支援～

　協議会には社協、公募市民の立場の委員も入っています。これは専門職による協議に市民目線からの意見が入ってくることにもつながっています。

　府中市では、平成27年4月から「在宅療養相談窓口」として市内11の地域包括支援センターを位置付けて、それを市民に知らせるチラシを作成しています。どんなことを地域包括支援センターで相談できるかを市民にわかりやすく伝えるためのチラシですが、協議会では市民目線からの「相談できる内容の例を簡潔にした方がわかりやすい」「具体的な例があると、『こういったことも相談してよいのだ』ととっつきやすい」という意見をもらいながら作成していきました。

　協議会では、在宅療養支援窓口を開設するにあたり、市役所に開設すべきか、各地域包括支援センターを窓口とすべきか、相談窓口の機能をどのように考えるかを検討しました。その結果、これまでも退院して在宅療養する際の相談実績もある身近な地域包括支援センターを改めて「在宅療養に関する相談もできる窓口」として位置づけ、その後方支援および調整窓口を市役所の高齢者支援課内に設置することとしました。

表2　府中市における在宅療養支援相談窓口の概要

実施項目	機関	内容
在宅療養に関する相談対応	各地域包括支援センター	・往診や訪問診療など、医療機関に関する診療状況や専門科目等に関する情報提供 ・在宅療養上の関係機関との連絡調整 ・病院から在宅への退院時の療養環境の調整
在宅療養に関する地域資源の把握	市役所	・医療関係機関の診療情報、ケアマネタイム、在宅療養での対応状況等、地域資源の情報収集を行い、関係機関に情報提供する。
相談窓口（地域包括支援センター）職員、ケアマネジャー等への後方支援		・多職種による事例検討会の開催 ・在宅療養支援員養成研修の受講の勧奨
相談窓口の周知		・地域包括支援センターの業務内容において、在宅療養に関する相談も可能であることを周知 ・在宅療養に関する市民向け啓発事業（講演会・シンポジウム等）を通して周知

　府中市は、地域包括支援センターに主任介護支援専門員、社会福祉士、看護師（保健師）の3職種以外に地域見守り担当と介護予防コーディネーターを増配置する体制をとっています。そのため、市内の地域包括支援センターでは、介護予防プランの作成に看護師（保健師）が手をとられることなく、医療が関わる相談に対応したり、家族介護教室の取組みを担うことができています。こうした基盤があることで、各地域包括支援センターを在宅療養相談窓口とすることができています。

　一方、府中市における市民の「地域包括支援センター」の認知度は30％です。清野さんは、「入院前から介護サービスを利用するなど地域包括支援センターに関わっていたケースでは、家族から『入院することになった』など、何かあったら連絡が入る。そうすると、退院に向けて、こういう準備が必要だということも伝えながら、退院支援もできる。その一方で、地域包括支援センターの関わりがなかった方、例えば60歳代の方などは、退院後の在宅療養生活の情報を病院でもらう。地域包括支援センターとの間にそもそも信頼関係がないので、在宅療養のことを地域包括支援センターに相談しようということになりにくい」と話します。そのため、市が地域包括支援センター＝在宅療養のことを相談できるところと周知するとともに、どんな相談ができ、相談すると、どのような支援が得られるかを知らせていくことが重要になります。

　また、清野さんは「市民にとって地域包括支援センターのエリア分けによって格差ができてはいけない」と話します。市内11の地域包括支援センターの相談対応機能が同じレベルになれるよう、市としての後方支援が重要になります。「府中市は市の高齢者支援課に保健師が配置されていて、もともと地域包括支援センターが困ったときに一緒に考えて動いてくれる土壌がある」と清野さんは話します。府中市では、高齢者支援課内に「在宅療養推進担当」「福祉相談係」「地域包括ケア推進係」が置かれ、連携して医療と介護の連携を地域包括ケアシステムの中ですすめていくことが期待されます。

顔の見える多職種連携をすすめるとともに、市民にとっての連携へ
～介護保険による在宅医療・介護連携推進事業の構築に向けて～

　平成27年4月に改正介護保険法が施行され、同法では「地域包括ケアシステムの構築に向けた地域支援事業の充実」に向けて、地域支援事業に「在宅医療・介護連携推進事業」を位置付けています。可能な区市町村は平成27年4月から開始し、平成30年4月には全ての区市町村で実施することとしています。原則として各区市町村が次の8つの事業項目すべてを実施することとしています。

① 地域の医療・介護サービス資源の把握
② 在宅医療・介護連携の課題と抽出の対応の協議
③ 在宅医療・介護連携に関する相談の受付等
④ 在宅医療・介護サービス等の情報の共有支援
⑤ 在宅医療・介護関係者の研修
⑥ 24時間365日の在宅医療・介護サービス提供体制の構築
⑦ 地域住民への普及啓発
⑧ 二次医療圏内・関係市町村の連携

　府中市では、平成25年度からの在宅療養環境整備事業の取組みにより、上記の多くに取組んできました。これまでの取組みを介護保険法に基づく地域支援事業にどのように位置付けていくかはこれからの検討となります。

　医療と介護の間に顔の見える関係ができ始め、多職種連携の取組みも交流や研修がさらに活発になっていくことが期待されます。また、病院MSWと地域包括支援センターとの情報交換の取組みも引き続き行なっていますが、府中市居宅介護支援事業者連絡会と府中市のケアマネジャーの連絡会が病院MSWとの情報交換も始まっています。

　市内の地域の医療・介護サービス資源を市として把握し、それを関係機関が共有できるようにすすめてきていますが、今後は市民にどのような情報を提供していくかが検討課題です。専門職同士の連携をすすめるとともに、区市町村としては、それによって市民の暮らしがどのように変わってくるかが問われてきます。市民が自分自身や家族が高齢になり、病気になったとき、在宅を前提にした選択肢がどのようにあるのかを正しく知ることが必要となってきます。

東京都　世田谷区

② 区民に実用的な福祉と医療の連携のしくみを

POINT

① 福祉と医療の連携を推進するため、医療連携推進会議を設置するとともに、福祉・医療の団体の代表者からなる連絡会を開催し、顔の見える関係を深めている。
② 在宅医療電話相談センターを設置し、専門性の高い相談に対応するとともに、病院や施設の受入れ情報をケアマネジャーに情報提供している。
③ 医師、病院、ケアマネジャーの情報共有ツールである医療と介護の連携シートを作成し、ホームページに病院名とその担当者名を公開している。
④ まちづくりセンター、あんしんすこやかセンター、社会福祉協議会の三者を一体化し、福祉の困りごとなど区民のさまざまな相談に対応するとともに、地域の人材や社会資源の開発・協働に取組む、地域包括ケアの地区展開をすすめている。

区民向けシンポジウムの様子

事業のあらまし

　世田谷区は、平成19年に福祉と医療の連携をすすめるため、医師会、歯科医師会、薬剤師会、介護事業者、区により構成する医療連携推進協議会を設置している。在宅医療電話相談センターを設置し、専門性の高い相談に対応するとともに、施設・病院等の情報をケアマネジャーに提供している。
　まちづくりセンター、あんしんすこやかセンター、社会福祉協議会が三者一体化して、相談支援の充実と地域の人材や社会資源の開発・協働をモデル的に実施している。平成28年度から全地区で展開予定。

世田谷区役所（本庁）

- 住所　〒154-8504　東京都世田谷区世田谷4-21-27
- TEL　03-5432-1111（代表）
- URL　http://www.city.setagaya.lg.jp/index.html

世田谷区の状況

　世田谷区は、高齢者や障害者、子育て家庭など、支援を要するあらゆる人が、身近な地区で相談でき、多様なニーズに対応した保健、医療、福祉等のサービスが総合的に提供される地域包括ケアシステムの構築をめざしています。

　総人口は平成2年1月には77万6,000人でしたが、平成27年1月には85万8,000人となり増加傾向です。高齢化率は、平成2年1月は11.0%でしたが、平成27年1月には20.2%と1.8倍となっています。要介護認定者数は、平成17年度末は2万5,000人でしたが、平成26年11月には3万6,000人と、10年間で1.4倍となっています。

　区民の6割は介護が必要になったら「自宅」で療養することを希望しています（平成25年度世田谷区介護保険実態調査報告書）。区民が実際に亡くなる場所は「病院または診療所」が7割と最も多いものの、年々その割合は低下し、「老人ホーム」「自宅」が増加傾向になっています。

　在宅医療を行う在宅療養診療所は、10万人あたりの施設数が全国11.2、東京都平均11.2（平成26年10月）に対し、世田谷区では14.7（平成26年10月）です。区内に在宅療養支援診療所をはじめ社会資源は増えてきましたが、連携がスムーズになるしくみをどう整えていくかが求められています。

図1　世田谷区の総人口、高齢者人口、高齢化率の推移

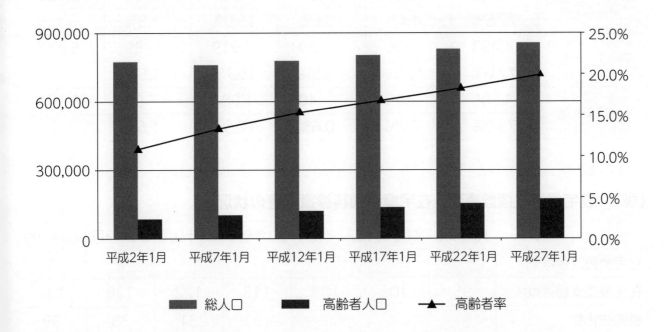

図2 第1号被保険者の要介護認定者数

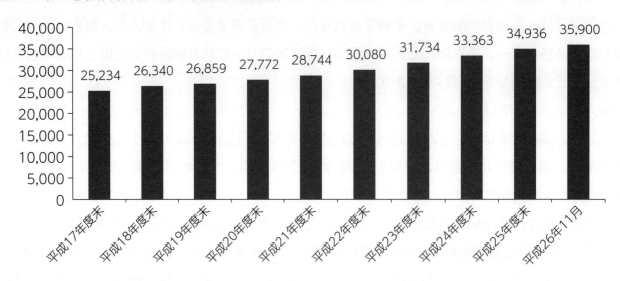

	平成17年度末	平成18年度末	平成19年度末	平成20年度末	平成21年度末	平成22年度末	平成23年度末	平成24年度末	平成25年度末	平成26年11月
人数	25,234	26,340	26,859	27,772	28,744	30,080	31,734	33,363	34,936	35,900

【表1 世田谷区民の死亡場所の状況】

	病院+診療所	老人ホーム	介護老人保健施設	自宅	その他	合計
平成21年度	4,539	195	22	928	96	5,780
	78.5%	3.4%	0.4%	16.1%	1.7%	
平成22年度	4,560	259	38	939	86	5,882
	77.5%	4.4%	0.6%	16.0%	1.5%	
平成23年度	4,493	306	30	919	89	5,837
	77.0%	5.2%	0.5%	15.7%	1.5%	
平成24年度	4,506	445	40	1,084	96	6,171
	73.0%	7.2%	0.6%	17.6%	1.6%	

【表2 在宅療養支援診療所・在宅療養歯科診療所等の状況】

	19年9月	21年9月	22年9月	23年9月	24年9月	25年9月	26年9月
在宅療養支援病院						2	1
在宅療養支援診療所	95	106	109	113	122	128	132
機能強化型					31	35	39
在宅療養支援歯科診療所※1		38	48	47	53	57	58

※1 在宅療養歯科診療所は平成20年度創設

医療連携推進協議会の設置

世田谷区では、高齢者等の在宅療養支援の充実に向け、福祉と医療の連携を推進するため、平成19年に医師会、歯科医師会、薬剤師会、介護事業者、区により構成する医療連携推進協議会を設置しています。全体の進行管理は全体会が担い、顔の見える関係づくりをすすめるため、医療連携推進協議会の下部組織として、福祉・医療の関係団体代表者から構成する「在宅療養支援のための連絡会」を置き、多職種の連携を深めています。また、医師会部会、歯科医師会部会、薬剤師会部会、障害部会で個別課題の検討をすすめています（平成27年度からは、情報共有、相談支援を検討する個別課題部会を設けています）。

図3　世田谷区医療連携推進協議会の構成

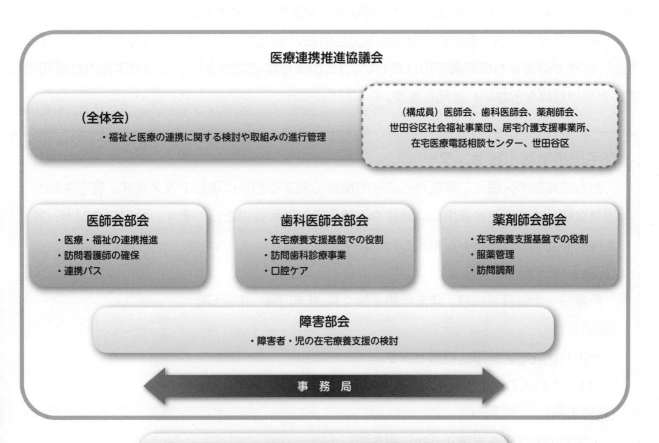

● 必要な情報提供をする在宅医療電話相談

　世田谷区は19年度から都の包括補助を活用して、「在宅医療電話相談センター」（以下、「センター」）を開設しました。区内に27か所あるあんしんすこやかセンター（地域包括支援センター）のうちの1か所に併設させ、2名の相談員（看護師・社会福祉士）を配置しています。相談機関としての特色を生かし、他の相談機関では困難なより具体的で専門的な相談対応をしています。センターの特徴は、高齢者や家族から相談を受けるだけでなく、あんしんすこやかセンターやケアマネジャー等を支援する機能をもつ点です。センターでは、病院等を積極的に訪問し、「病院・施設受入れ情報」にまとめ、その更新を重ねながら情報提供しています。

　また、地域での在宅医療相談の支援のため、相談事例・ノウハウを「相談事例集」にまとめ、あんしんすこやかセンター等へ配布しています。さらに、事例や制度変更の情報などを「センター便り」として毎月発行し、地域における相談対応を支援しています。

　世田谷区保健福祉部計画調整課地域医療担当係長の小川英智さんは「社会資源のリストがあっても、区民が必要なものを選ぶのは難しい。『この人にはここがよい』という実用的な情報にしていかなければならない」と話します。

在宅医療電話相談センター

　おもに高齢の区民・ご家族からの在宅療養に関する相談に電話で答えます。在宅生活が困難な場合には病院と連携し、施設や入院先等の情報提供を行います。ケアマネジャー等支援する立場の方からのご相談も行います。

（相談受付時間）
　月曜日〜土曜日（祝日・年末年始を除く）　午前9時〜午後5時
（連絡先）
　世田谷区在宅医療電話相談センター
　TEL　03-6674-2693　FAX　03-5450-8919
（相談事例）
　・在宅で看取りを支援する往診医を探したい
　・入院費用が高額になるので困っている
　・転院先（回復期リハビリテーション病院等）の紹介
　・医療処置が増えたため、施設入所が難しいと言われ困っている
　・医療処置が増えて退院してくるので、在宅療養ができるか心配
　・認知症対応で困っている。保健師の介入依頼
　・医療処置があり、ショートステイ先がみつからない

図4　在宅医療電話相談センター　病院情報フォーマット（例）

入院・入所受け入れ基本情報			年　月　日　【　　】記入	
種別 **医療療養病院**	名称			
住所		最寄駅からのアクセス		
連絡担当者		TEL	FAX	
診療科	病床数・部屋のタイプ　一般　　床、　医療療養　　床			
受け入れ対象・条件	実施可能な医療処置			
医療区分	気管切開	胃ろう・経管栄養	吸引	じょくそう
認知症の程度	IVH	尿管カテーテル	酸素療法	人工透析
生活保護	インシュリン注射	人工肛門	人工呼吸器	感染症
がん患者	リハビリ			
平均入院期間	相談から入院までの待機期間			
費用負担				
行事、レクリエーション、ボランティアの受け入れについて				
関連施設				
特記事項				

3-②　世田谷区　医療と介護の連携と住民主体

医療と介護の連携シートを活用

　世田谷区では、平成20年度〜22年度に、円滑な入退院と在宅療養の支援を推進するため、医師会、病院、ケアマネジャーが協力して、連携ツールとルールを検討しました。平成23年度から区の標準書式として「医療と介護の連携シート」の活用を開始しました。医師、病院ケアマネジャー間の情報共有のツールで、一定のルールに基づいて活用されています。書式は3種類あります。

①入院時／退院・退所情報	入退院に向けた病院とケアマネジャーとの連携のために使われます
②主治医・ケアマネジャー連絡票	在宅におけるかかりつけ医とケアマネジャーとの連携のために使われます
③外来主治医あて連絡票	ケアマネジャーから病院の外来主治医への情報提供のために使われます

　「医療と介護の連携シート」病院窓口一覧を区ホームページで公開しています。病院名だけでなく担当者名と連絡先書式を公開しており、ケアマネジャーから連携シートを送付する際に、円滑な支援ができています。また、関係団体と区が共同して作成し、区が運用をバックアップしているため、連携に対する心理的な垣根が低くなり、得手不得手や経験年数に関わらず活用でき、より活発で効果的な連携につながっています。ケアマネジャーと歯科医師や薬剤師との連携の際の利用についても検討しています。

　ケアマネジャーが医師と相談しやすい環境づくりのため、医師とケアマネジャーとの相談を行うケアマネタイムを設け、世田谷区医師会・玉川医師会のホームページで情報を公開しています。平成24年度に実施したケアマネジャー向けアンケートでは、35.8％が「活用している」と回答しています。

図5 医療と介護の連携シートの書式

_____ 様

医療と介護の連携シート（入院時／退院・退所情報） 世田谷区標準様式（改定版）

ふりがな		性別	生年月日	手術
利用者氏名		男・女	年　月　日（　歳）	無・有（手術名：　　　　）
要介護度	未申請・区分変更中・新規申請中・非該当　要支援1・2　要介護1・2・3・4・5		認定日　年　月　日	
	有効期間　　年　月　日～　　年　月　日			
ふりがな 主介護者氏名		本人との関係	連絡先	

▼入院時情報提供欄（別添資料　無・有→　　枚）　　　　　　　▼退院・退所情報記録欄（面談結果をまとめるための欄です）

情報提供事業所名		情報収集先機関名	
担当ケアマネジャー		電話番号	
電話番号　　　　　FAX番号		面談日　年　月　日　所属・職種・氏名	
提供年月日　　　年　月　日		面談日　年　月　日　所属・職種・氏名	
入院日　　　　　年　月　日		入院期間　入院日　年　月　日～退院（予定）日　年　月　日	
既往歴	1. 2. 3. 備考（　　　　　　　　　　　）	疾病の状態	主病名 副病名 退院時主症状 既往歴 服薬状況　無・有 （内服：介助なし・一部・全介・その他） 〈特記事項〉（感染症・投薬の注意事項（薬剤名、投与経路等）等）
かかりつけ医	①医療機関・主治医名 　連絡先 ②医療機関・主治医名 　連絡先	特別な医療	点滴の管理　中心静脈栄養　透析　ストーマ（人工肛門）の処置 酸素療法　気管切開の処置　疼痛管理　経管栄養　喀痰吸引 褥瘡の処置　カテーテル　その他（　　　　　　　　　） 〈特記事項〉（導入予定の医療系サービス等）
住環境	一戸建　集合住宅　＊階段（有・無）		
家族状況	単身世帯　同居者有（　　　　　）		
サービス利用状況	訪問介護　通所介護　他（　　　　　） 訪問看護⇒事業所／ 　　Tel.		
食事摂取	介助なし　見守等　一部　全介 嚥下状況（良・不良）咀嚼状況（良・不良） （ペースト・刻み・ソフト食・普通／経管栄養）	食事摂取	介助なし　見守等　一部　全介 嚥下状況（良・不良）　咀嚼状況（良・不良）（ペースト・刻み・ソフト食・普通／経管栄養）　・制限　無・有 制限量／日　　kcal・水分　　ml・塩分・その他（　　　） 〈特記事項〉（食事制限などの内容等）
口腔清潔	介助なし　見守等　一部　全介	口腔清潔	介助なし　見守等　一部　全介
移動	介助なし　見守等　一部　全介 （見守り・手引き・杖・歩行器・シルバーカー・車椅子・ストレッチャー）	移動	介助なし　見守等　一部　全介　（見守り・手引き・杖・歩行器・シルバーカー・車椅子・ストレッチャー） 〈特記事項〉（独自の方法・転倒危険・住宅改修の必要性等）
洗身	介助なし　見守等　一部　全介 行っていない	洗身	介助なし　一部　全介　不可　行っていない ・入浴の制限　無・有（シャワー・清拭・その他）
排泄	介助なし　見守等　一部　全介 オムツ・リハビリパンツ（常時・夜間のみ）	排泄	介助なし　見守等　一部　全介 オムツ・リハビリパンツ（常時・夜間のみ） 〈特記事項〉（留置カテーテル等）
夜間の状態	良眠・不眠（状態　　　　　　　　）	夜間の状態	良眠・不眠（状態　　　　　　　　）
認知・精神面	認知症高齢者日常生活自立度 　自立　I　IIa　IIb　IIIa　IIIb　IV　M 備考（　　　　　　　　　　　）	認知・精神面	・認知症高齢者日常生活自立度（　　　　　　　　） ・精神状態（疾患）　無・有（　　　　　　　　　） 〈特記事項〉（認知症の原因疾患等）
リハビリ等	・リハビリテーション　無・有 ・運動制限　無・有	リハビリ等	・リハビリテーション　無・有（頻度：　　　　　　） ・運動制限　無・有 〈特記事項〉（リハビリ・運動制限の内容、導入予定サービス等）
障害高齢者日常生活自立度　　J　A　B　C		障害高齢者日常生活自立度　　J　A　B　C	
その他（心身の状況や生活環境に関する特記事項など）		療養上の留意する事項（その他　NS、PTからの注意点など）	

【注】入院時情報連携加算、退院・退所加算の算定には、国の通知等に拠る算定条件を満たす必要があります。

図6　医療と介護の連携シート（主治医・ケアマネジャー連絡票）

	世田谷区標準様式

平成　　年　　月　　日

医療と介護の連携シート（主治医・ケアマネジャー連絡票）

医療機関の名称	介護事業所の名称
電話番号	所在地
FAX番号	電話番号
主治医　　　　　　　　　様	FAX番号
	担当居宅介護支援専門員
	氏名

◆利用者の情報（＊欄は「ケアマネジャー ⇒ 主治医」の場合のみ記入）

ふりがな		生年月日	M・T・S　年　月　日
氏　名			
＊要介護度	要支援1・2　要介護1・2・3・4・5　申請中		
＊他医受診歴の有無	無　有（　　　　　　　科・疾患名　　　　　　　）		

◆ケアマネジャー記載欄

本票送付の目的》☐報告 ☐連絡 ☐相談 ☐返信	返信希望の有無》☐返信願います ☐返信不要です

＜内容＞

☐契約時の同意のほか、改めてご本人の承諾を得て送付いたします。
☐改めて承諾は得ておりませんが、契約時の同意に基づき、ご本人への居宅介護支援に必要なので送付いたします。（特記事項：　　　　　　　　　　　　　　　　　　　　　　　）

◆医師記載欄

本票送付の目的》☐返信 ☐報告 ☐連絡 ☐相談	返信希望の有無》☐返信願います ☐返信不要です

　→☐電話してください ⇒ 月　火　水　木　金　土の午前・午後（　　　）時頃
　→☐下記のとおり回答します

＜内容＞

図7　医療と介護の連携シート（外来主治医あて連絡票）

```
                                                         世田谷区標準様式
                                               平成　　　年　　　月　　　日

                    医療と介護の連携シート（外来主治医あて連絡票）

┌─────────────────────────┐      ┌─────────────────────────┐
│ 医療機関の名称          │      │ 介護事業所の名称        │
│                         │      │ 所在地                  │
│ 電話番号                │ ←    │ 電話番号                │
│ FAX番号                 │      │ FAX番号                 │
│ 主治医          　　様  │      │ 担当居宅介護支援専門員  │
│                         │      │         　　氏名        │
└─────────────────────────┘      └─────────────────────────┘
```

◆利用者の情報

ふりがな		生年月日	M・T・S　　　年　　　月　　　日
氏　名			
要介護度	要支援1・2　　要介護1・2・3・4・5　　申請中		
他医受診歴の有無	無　　有（　　　　　科・疾患名　　　　　　　　　　　　　　　）		

◆ケアマネジャー記載欄

＜本票送付の目的＞

＜内容＞

☐ 契約時の同意のほか、改めてご本人の承諾を得て送付いたします。
☐ 改めて承諾は得ておりませんが、契約時の同意に基づき、ご本人への居宅介護支援に必要なので
　　送付いたします。（特記事項：　　　　　　　　　　　　　　　　　　　　　　　　　　　）

区民向けの啓発事業

　世田谷区では、在宅での最期をテーマにした区民向けシンポジウム等を開催しています。終末期の過ごし方について、自分の意志で選択できることを目標に、本人・家族が考える機会を提供しています。基調講演の他、パネルディスカッションも開催し、区内の在宅療養支援の状況が参加者にイメージしやすいように、区内の医師や訪問看護師、ケアマネジャー、家族等がパネリストとして登壇しています。区民自らが自身の老い方、最期の時期の過ごし方を考えられるよう、啓発に努めています。

平成21年度	シンポジウム「死を思い、死ぬまでの生き方を想う」 ・基調講演 清水哲郎氏（東京大学大学院教授死生学）	230人参加
平成22年度	シンポジウム「豊かに命を生かしきること、そしてそれを支えること」 ・基調講演 米谷美津子氏（医師：駒沢診療所）	96人参加
平成23年度	シンポジウム「「いい人生だった」と言うために…世田谷で最期のときまで」 ・基調講演 中村伸一氏（医師：福井県名田症診療所）	180人参加
平成24年度	シンポジウム「世田谷で最期のときまで～チームで支える在宅医療」 ・基調講演：斉藤康洋氏（医師：上田クリニック）	88人参加

🟢 三者が一体化した相談拠点を整備

世田谷区では、地域包括ケアをすすめるため、「地区」（中学校区単位・日常生活日常生活圏域）に「出張所・まちづくりセンター」「あんしんすこやかセンター」「社会福祉協議会」の三者が一体化し、福祉の困りごとなど区民のさまざまな相談に対応するとともに、地域の人材や社会資源の開発・協働に取組む、地域包括ケアの地区展開をすすめています。平成26年10月から1地区（砧地区）、平成27年7月から5地区でモデル事業を行い、平成28年度は全地区で展開していく予定です。

図8　地域包括ケアの地区展開モデル事業のイメージ

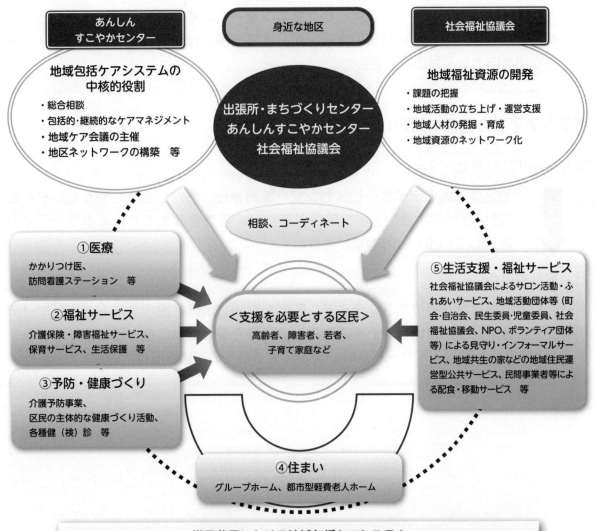

三者が一体化したことによるメリット

① 身近な福祉相談の充実と区民ニーズへの即時対応が図られた。
② 地域の福祉活動団体への調査やワークショップ等により地域の人材や社会資源の把握が進んだ。
③ 三者連携会議等により、三者の職員間の情報共有と連携が促進された。

認知症と思われる方に対応した事例

| まちづくりセンター | 社会福祉協議会 | ＜高齢者からの相談＞

シルバーパスの更新手続きに来所した方がいたが、手続き日でないため、指定された日に来所するよう説明した。しかし、説明内容が理解できないためか、すぐ後に再び来所する状況であった。

| あんしんすこやかセンター |

あんしんすこやかセンターから担当ケアマネジャーに連絡し、状況の説明を行う。ケアマネジャーが、シルバーパスの更新など、手続き時には訪問介護者が同行し、手続きの支援を行うなど対応を変更した。

ボランティアの確保に対応した事例

| あんしんすこやかセンター |

地区内にあるデイサービスセンター職員から、あんしんすこやかセンターに「若い世代のボランティア確保が難しい。書道を教えてくれるボランティアを探している」との相談があった。

| 社会福祉協議会 |

社会福祉協議会が「特技ボランティア」制度を説明し地区社協のホームページに「デイサービスセンターがボランティア募集」の記事を載せたところ、若い方からボランティア申込の相談がデイサービスセンターに入ったとの連絡を受けた。

世田谷区保健福祉部計画調整課計画担当係長の相蘇康隆さんは「三者が同じ建物に入り、それぞれが得意分野を活かして連携する。例えば、専門職の連携だけでなく、見守りやふれあいサービスを調整したケースがモデル事業でみられた」と話します。

　区は、介護保険による「在宅医療・介護連携推進事業」を28年度からはじめたいと考え、在宅療養支援の施策との調整をすすめています。それが身近な相談対応機能を高めながら、広域からバックアップするしくみの姿となることが期待されます。

東京都　荒川区
在宅療養連携推進会議

3 本人・家族の意向が主体性をもつ連携

POINT

① 実務者レベルの「医療連携会議」と代表者レベルの「在宅療養連携推進会議」を設置し、多職種連携の取組みを続けてきた。
② プロジェクトチームを立ち上げ、荒川区独自の医療と介護の連携シートを作成した。
③ 退院時のシートに本人と家族の希望を文字にして書くことで、本人の意向に主体性を持たせてチームが議論している。

事業のあらまし

　荒川区では平成21年度からMSWや訪問看護師、ケアマネジャーなどの実務者レベルが広く参加する「医療連携会議」を設置し、そのネットワークづくりをすすめてきました。しかし、課題となったことがなかなか解決に結びつくしくみがありませんでした。そこで24年度に医療・看護・介護の代表者が集まる「在宅療養連携推進会議」を設置しました。その中で、「連携シートを作成したい」という実務者レベルの想いは、区として「取組むべき課題」と認知されるようになりました。25年度にMSW、訪問看護師、ケアマネジャーに地域包括支援センターが加わったプロジェクトチームを発足し「医療と介護の連携シート」を作成しました。今ではシートが病院内の共通理解にもつながり、浸透がみられます。また、シートには本人と家族の希望を文字にして書き、それに基づいてチームで話し合いがされていくため、シートがあることで、本人と家族の意向が主体性を持つことにつながっています。

荒川区役所

住所　〒116-8501　東京都荒川区荒川二丁目2番3号
TEL　03-3802-3111（代表）

退院後の行き場の現状

　荒川区にある佐藤病院の医療福祉相談員の若月麻衣さんは「退院ケースのほとんどは自宅に帰るが、医療面以外の要因でそれが難しいケースもある」と話します。下町である荒川区では、1階が店舗で2階が家屋という住居形態も少なくありません。また、ギリギリまで家族で頑張ろうとして介護サービスを使わずに退院したケースでは、結局、再入院になることがあります。

在宅療養連携推進会議と、医療と介護の連携シートの作成

　荒川区は、高齢者福祉課に配置している医療福祉相談員が事務局となり、21年度からMSWや訪問看護師、ケアマネジャーなどの実務者レベルが広く参加する「医療連携会議」を設置し、そのネットワークづくりをすすめてきました。しかし、実務者レベルで積み重なった課題が解決するしくみづくりにつながらないのが悩みでした。病棟看護師が作成する「看護サマリー」を退院時にケアマネジャーが求める状況もありました。「実際に役立つ情報を共有できるようにならないか…」と考えていた折、区は24年度に都の包括補助を活用して「在宅療養連携推進会議」を設置しました。これは前述の会議と別に、医師会等も参加する医療・看護・介護の代表者レベルの会議です。

　そして、代表者レベルの会議が徐々に顔の見える関係になってくると、「連携シートを作成したい」という実務者レベルの想いは、区として「取組むべき課題」と認知されるようになりました。そこで、25年度に若月さんをはじめ、MSW、訪問看護師、ケアマネジャーに地域包括支援センターが加わった13人のプロジェクトチームを発足させ、「医療と介護の連携シート」の作成にとりかかりました。意見を交換する中、「連携シート」は単に病院とケアマネジャーの情報のやりとりではなく、「その後のチームを支えるもの」という意識が共有されていきました。連携そのものが目的ではないので、シートが負担にならないよう真に必要な項目に絞り込んでいきました。そして、代表者レベルの会議で医師から「個人情報保護に配慮するように」という指摘を受けて調整し、会議で合意を得た形で荒川区独自のシートができあがりました。これを26年度に2つのモデル医療機関で試行し、27年度から活用を始めています。

本人と家族の意向が主体性を持つ

　若月さんは「シートに本人と家族の希望を文字にして書き、それをもとにチームが議論することは、本人と家族の意向が主体性をもつことを意味する」と話します。例えば、本人と家族の意向が異なるケースでは、在宅復帰の可能性を正しく見立てて提示する必要があります。そこに入院前の生活状況を知るケアマネジャーからの入院時シートの情報が活きていきます。そして今では、「病棟看護師から入院時に『あのシートは？』と聞かれることも出てきた」と、若月さんは話します。そのように、シートは病院内の共通理解にも活かされています。

　区がすすめてきた職種を超えたつながりと連携しやすい環境整備が、在宅療養への区民の想いを実現する形で動き出しています。

医療と介護の連携シート　　　　　　　　　　　　　　　　　　　　　　　荒川区標準様式

主治医・ケアマネジャー連絡票

（返送日：平成　　年　　月　　日）　　　　　　　　（送付日：平成　　年　　月　　日）

医療機関名		← →	事業者名	
電話			電話	
FAX			FAX	
主治医名			担当ケアマネジャー	

利用者名（患者名）	ふりがな（　　　　　　　　　）	生年月日
	氏名　　　　　　　　　　　　様	明・大・昭　　年　　月　　日

ご連絡の目的
- □ 担当ケアマネジャーになったことのご挨拶
- □ 要介護認定申請についてのご連絡
  - ① □ 更新　□ 区分変更　（申請日　　月　　日）
  - ② □ 申請にあたり、ご本人の近況についてお知らせします。
- □ ケアプラン作成にあたり、下記内容についてご相談したいことがありますのでご意見ください。
- □ その他　→　下記連絡内容のとおりです。

連絡内容

> 介護申請についての連絡・・・
> 更新申請、区分変更申請にあたり、生活面での様子や変化を連絡し、主治医意見書作成の参考にしていただく

> ケアプラン作成にあたる相談・・・
> サービスを導入する上での注意点や、福祉用具の必要性についての問い合わせ

回答の要否
- □ 回答をお願いします。　　　月　　日　ごろまでにご回答願います。
- □ 特に必要ありません。

> チェックを忘れずに

本票の利用について【下記の該当する□に☑を入れてください】
関係機関と情報を共有することについては、□ 居宅介護支援契約時に同意を得ております。
　　　　　　　　　　　　　　　　　　　　□ ご本人・ご家族から承諾を得ております。

主治医回答欄

回答欄		
□ 直接会います	□ 診療時間内 □ 事前予約の上、ご来院ください。 □ 事前連絡の上、受診同行ください。	
□ 電話で回答します	電話連絡可能時間 □ 月 □ 火 □ 水 □ 木 □ 金 □ 土　　時～　時ごろ	
□ 下記のとおり回答します		

> 連絡を取る際には、下記を参考にしてください
> 診療所：「医療と介護の関係機関名簿」参照
> 病院：ケア倶楽部掲載
> 　　　「主治医・ケアマネジャー連絡票送付先病院一覧」参照

平成　　　資料1　参照　　月　　日

※この連絡票での回答は、診療情報提供料の算定対象にはなりません。

荒川区標準様式

医療と介護の連携シート（入院・入所情報）

- 全項目埋めることができない場合は、空欄があっても可
  わかる範囲で記入し、入院早期（概ね2日以内を目安）に情報提供する
- 追加情報については、わかり次第電話等で補足
- スペースが不足する場合は、別紙添付、または口頭等で対応

事業所名	
担当者名	
電話	FAX

　　　　様

記入日　　年　　月　　日

	性別	生年月日
	男・女	明・大・昭　年　月　日（　歳）

住所		電話	
キーパーソン	ふりがな	本人との関係	□同居
		電話	（自宅、携帯等連絡の取りやすい電話番号を記入）連絡の取りやすい時間（　時頃）

要介護認定	要支援（　）・要介護（　）・未申請 申請中（新規・更新・区分変更）申請日　年　月　日 有効期間　年　月　日～　年　月　日
主治医	氏名　　　　　医療機関名

既往歴・受診状況

既往歴：わかれば病名、医療機関名や治療、入院の時期を記入
受診状況：現病及び、その受診状況
「主治医はいたが、現在はこうである」などの情報もあれば記入

家族構成

ジェノグラムを用い、キーパーソンや家族について、わかる限りの情報を書き込む
例えば、居住地、健康状態、キーパーソン以外の連絡先、協力等を記入
「家族等の支援状況」スペースも活用

◎：本人、○：女性、□：男性、●■：死亡
☆：キーパーソン、主：主介護者　同居は○で囲む

家族等の支援状況

入院に至る経過

入院に至る経過等、最近の様子を記入
例として、最近転倒しやすかった、発熱が頻回だった等

在宅サービス利用	入院前にどの程度のことをしていたかを把握するためデイ、訪問看護等のサービスの種類や回数を記入 記入例： 訪問看護　月4回　　通所介護　週2回 *介護保険以外のサービスは、連絡事項のスペースに記入 □オムツ券利用

認知症　無・有　　□大声　　□徘徊
　　　　　　　　□不潔行為　□介護への抵抗
その他の周辺症状

チェックの他、具体的な症状を詳しく記入
認知症有無の判断がつかない場合は、具体的な症状のみ記入

経済状況	□生保		

把握している範囲で記入
例えば、月に使える金額、年金の情報等

食事	□自立			管理	可・不可（　　）
口腔ケア	□自立　□一部介助　□全介助 入れ歯：無・有			服薬管理 視力	
移乗	□自立　□一部介助　□全介助			聴力	
歩行	□自立　□一部介助　□全介助			障害手帳	
入浴	□自立　□一部介助　□全介助			その他	
排泄	□自立　□一部介助　□全介助　トイレ・ポータブルトイレ 夜間の様子等				

金銭管理：通帳管理は家族、小遣いは本人等
服薬管理：飲めない、一包化している等
聴力：耳元で大きな声で話す必要がある等
　　　状態や程度の情報を記入
その他：難病や医療券等の情報があれば記入

家屋状況	階段昇降の必要	無・有	
	風呂	無・有	
	段差	無・有（箇所　　　）	
	寝具	ベッド・布団	
	トイレ	和式・洋式	
	□一戸建て　□集合住宅　□二世帯住宅		
	特記すべき家屋状況　　　　　　　　□住宅改修済		

退院に向け生かせる情報を記入
例：段差、手すり等、住宅改修の情報
　　トイレは共同、風呂はあるが物置状態、また、特殊な建築構造等

連絡事項（ケアマネジャーから医療機関に伝えたいこと）

ADLについての補足
・認知症とは別に在宅で問題となっている点（性格等）
・介護する上で配慮すること（在宅時配慮していること）
・ケアマネジャーから見た在宅復帰するためのポイント
　（ADL目安）
・通所先等でインフルエンザ、ノロウィルス等感染症が発生している場合は、その情報
・介護保険以外のサービス（自立支援や社会資源など）
・上記を含め本人への対応上の注意等、ケアマネジャーから病院に伝えておきたいことを自由記入

※ 関係機関と情報を共有することについては、居宅介護支援

（ケアマネジャー記入用）　　　　　　　　　　　　　　　　　　　　　　　　　荒川区標準様式

医療と介護の連携シート（退院・退所情報）

- 全項目埋めることができない場合、空欄があってもよい
- 把握できる範囲で記入し、継続ケース等、すでに在宅で把握できている内容は省略可
- 関係機関にとどまらず、本人、家族とも情報を共有することを前提に記入する

記入者		記入日　　年　　月　　日	
所属機関		電話	
担当者名		FAX	

氏名		性別 男・女	生年月日 明・大・昭　年　月　日（　歳）
住所			電話
世帯状況	□単身　□家族同居（本人含め　　人、家族　　　） □日中独居（　：　～　：　）		日中独居の場合、その時間帯を（　）内に記入
キーパーソン	ふりがな	本人との関係	□同居　□別居（区内・区外：　　）
		緊急連絡先	自宅、携帯等連絡の取りやすい電話番号を記入
主介護者	ふりがな	本人との関係	□同居　□別居（区　）
		緊急連絡先	

家族構成　　　　　　　　　　　家族等の支援状況

介護への協力状態や病気の理解などまた、主介護者以外の家族の支援状況等、家族から聞き取った内容を記入

内容によっては口頭等で別途情報提供

◎:本人、○:女性、□:男性、●■:死亡
☆:キーパーソン、主:主介護者　　同居は○で囲む

本人の意思・希望	家族の意思・希望
退院するにあたって、生活や療養に対する意向	キーパーソン、主介護者、それ以外の家族等の意向

療養上の留意事項

- Dr、Ns、PT 等、医療チームからの注意点や指導内容
  例えば、入浴上の注意やリハビリについて（リハの状況や今後の要・不要、運動制限の有無）等を記入
- 各種制度や社会資源の利用について、MSWから本人、家族に説明や指導をした場合は、その内容を記入

備考

スペース等の関係で、裏面に記入できなかった事や、その他項目にない情報等の記入に活用

情報提供元（医療機関名・施設名）			
面談日	1回目　年　月　日	2回目　年　月　日	
面談者	所属		
	職種		
	氏名		
	電話番号		

※関係機関と情報を共有することについては、居宅介護支援契約時、もしくは、ご本人、ご家族から承諾を得ております。

本人氏名

要介護度	要支援（　）・要介護度（　）・未申請	申請中（新規・更新・区分変更）　申請日　　年　　月　　日

入院期間	入院日　　年　　月　　日　～　退院日　　年　　月　　日（予定）	
主病名	入院の原因になった病名	本人への病気の説明 告知：無・有 予後： （癌に限らず、本人にどんな説明がされていて、本人はそれをどう理解しているか等、聞き取った内容を記入）
治療状況	上記疾患に対しての治療状況 入院中、他疾患の治療が行われた場合はその状況も記入	医療処置 □点滴の管理　□中心静脈栄養　□胃瘻 □経鼻経管栄養　□気管切開の処置 □喀痰吸引　□酸素療法　□インシュリン □カテーテル　□ストーマの処置　□透析 □疼痛管理 □その他： 在宅の処置担当者： 処置内容指導：済・未
退院時の主症状	退院時の状況 その人なりの訴えも記入	
既往歴	入院シートと同様、病名の他に医療機関名や治療・入院の時期を記入	
皮膚の状況	褥瘡：無・有　（部位　　　　　　） 湿疹：無・有　（部位　　　　　　）	処置方法
感染症	無・有（□C型肝炎　□B型肝炎　□梅毒　□MRSA　□緑膿菌　□その他　　　　） （対応上の注意：　在宅において、ヘルパー等が本人に接する上で注意する点　　）	
服薬管理状況	□自立　□一部介助　□全介助　　処方内容　　□眠剤の服用　□下剤の服用（　　日に　　回） 退院後は誰が管理するのか、薬は一包化など、服薬管理の状況や介助の内容を記入	
認知症状等	無・有　　症状：　認知症の周辺症状、精神状態等を具体的に記入	【ADL全般について】 介助の内容など具体的状況については、カンファレンス時に確認し、空欄に追記
夜間の状態	良眠・問題あり　状態	
食事	□自立　□一部介助　□全介助　　食事制限： 水分制限： 塩分制限：	主食
口腔ケア	□自立　□一部介助　□全介助　　入歯：無・有	
移動	□自立　□一部介助　□全介助　　□見守り　□手引き　□杖　□歩行器　□シルバーカー　□車椅子	
起居動作	□自立　□一部介助　□全介助	
入浴	□自立　□一部介助　□全介助　　不可（シャワー・清拭） 最終保清日（　月　日）	入浴のめやす 血圧　　　～　　　mmHg
排泄	□自立　□一部介助　□全介助　□オムツ　□パット　□リハパンツ □ベット上　□Pトイレ　□トイレ 介助の内容 常時・夜間のみ等、オムツ等の使用状況は空白スペースに記入 オムツ使用の状況（常時など）	尿意：無・有　　便意：無・有 排便状況：良・不良　（　日に　　回） 退院時に確認して追記 最終排便日（　月　日）
退院後の医療	□　　　　病院　　　　科　　　先生　次回通院　　月　　日 □かかりつけ医受診　医療機関名　　　　　・　　　先生 □往診・訪問診療予定　医療機関名　　　　　・　　　先生 状態悪化時の再入院について：応相談・その他	家屋状況 特記すべき家屋状況等を記入
経済状況	生活保護受給：無・有 在宅サービス利用における費用負担の上限（約　　万円／月） 経済上の不安等、本人・家族の訴えを記入	本人・家族から聞き取った範囲で記入
サービスの必要性	ベッド・車椅子等：不要・要（ベッド・車椅子・　　　　　　　　　　　） 医療からみて必要なサービス：□訪問診療　□訪問看護　□訪問リハ　　　　　短期入所 □その他（　　　　　　　　　　　）	「福祉用具貸与の可否確認書」は介護保険課に提出のこと

荒川区　在宅療養連携推進会議　医療と介護の連携と住民主体

第3章　在宅医療・介護連携推進事業の実践事例

東京都　千代田区

4 総合サポートとしての視点
かがやきプラザ

POINT

① 平成27年11月、高齢者総合サポートセンター（かがやきプラザ）を開設。かがやきプラザ内の相談センターでは、高齢者やその家族からの相談を24時間365日ワンストップで受付け、具体的なサービスにつなげるとともに、在宅支援課による在宅支援サービスを行っている。

② 合築した九段坂病院が、在宅ケア（医療）拠点として初期救急医療や在宅療養における医療面での支援を行っている。

③ 高齢者活動センター、研修センター、多世代交流拠点も備え、高齢者を総合的・継続的に支えている。

かがやきプラザ外観（千代田区提供）

事業のあらまし

　千代田区では平成15年から、高齢者の在宅生活を支えるための拠点の必要性が提唱されており、27年11月、区役所旧庁舎跡地に「高齢者総合サポートセンター（かがやきプラザ）」を開設しました。高齢者の相談拠点（相談センター）、在宅ケア（医療）拠点、高齢者活動拠点（高齢者活動センター）、高齢者ケアに関する人材育成・研修拠点（研修センター）、多世代交流拠点の5つの機能を持っています。区の在宅支援課、九段坂病院、千代田区社会福祉協議会などが同じ建物に集約され、連携・協働しながら、元気なときから在宅療養のときまで医療と介護の両面から高齢者の在宅生活を総合的・継続的に支えています。

千代田区役所
- 住所　〒102-8688　東京都千代田区九段南1-2-1
- TEL　03-3264-2111（代表）

千代田区立高齢者総合サポートセンター「かがやきプラザ」
- 住所　〒102-0074　東京都千代田区九段南1-6-10
- TEL　03-6265-6486

千代田区の医療と介護の現状と拠点の必要性

　千代田区の人口は平成27年6月時点では5万7,987人で、年々増加傾向にあります。そのうち高齢者の人口は1万670人です。高齢化率は、平成22年以降低下傾向がみられ、18.4％となっています。しかし、千代田区においても高齢者は急速に増加しており、10年後には10％程度増加する見込みです。

【千代田区の現状（平成27年6月時点）】

人口	5万7,987人
高齢者数	1万670人
高齢化率	18.40％
認定者率	21.05％（認定者数2,246名（第2号被保険者6名除く））

　千代田区では、高齢者ができる限り元気で自立した生活ができ、介護や医療が必要になっても、住み慣れた地域で尊厳を持って暮らし続けられるよう、必要なサービスやサポートを提供するしくみをつくることが行政の役割であると考え、区民目線に立った検討がなされてきました。多くの区民が抱える高齢期の不安を解消するための拠点の必要性についても、平成15年度から検討してきました。

　少子高齢化が進行し、高齢者を取巻く環境は年々変化しています。その中で自立した高齢者に対しても、要介護高齢者に対しても、一人ひとりにきめ細かく、多様な状況にも対応できるしくみが求められています。

　千代田区保健福祉部高齢者総合サポートセンター担当者は「高齢者はさまざまな医療や介護についての悩みを持っているのと同時に、その悩みをどこに相談すればよいのかわからずにいる。それを24時間365日対応し、受けとめたかった。また、あちこちの関係部署を回らず、1か所で済ませられるような場所を提供したかった。そこで介護保険と医療保険の間にある事象に対しても対応でき、高齢者の在宅生活を総合的にサポートできる拠点の必要性が高まり、高齢者総合サポートセンター基本計画が策定された」と話します。

医療機関の併設

　サポートセンターは、区内の医療機関・介護保険事業所との連携を図り24時間365日体制で高齢者からのさまざまな相談を受け、具体的なサービスを迅速に提供する介護と医療の総合コーディネート機能を持っています。九段坂病院と合築することにより、在宅療養支援と通所リハビリテーションや訪問リハビリテーションなどの介護保険事業所をあわせ持つ在宅ケア（医療）拠点機能を設置・運営します。また、九段坂病院は、地域の医療機関と連携した在宅医療の支援、初期救急医療機関として、急病時の対応を行うとともに災害発生時の医療救護活動など、区内の地域医療向上を行います。

開設までの経緯

地域で高齢者の生活を支える拠点は、平成15年度「高齢者在宅ケアのあり方検討会」において必要性が提唱されて以来、千代田区の第3次長期総合計画における第2次推進プログラムや第3期介護保険事業計画、保健福祉総合計画においても整備を位置づけてきました。

19年度には外部委員等による調査検討会において施設が備える機能等を検討するとともに、整備の候補地を検討していきました。21年度には「基本構想」をとりまとめ、22年度「(改定)千代田区第3次基本計画」では、「(仮称)高齢者総合サポートセンターの整備」が明記されました。

区議会においても「旧庁舎跡地の活用に関する特別委員会」や「(仮称)高齢者総合サポートセンター調査特別委員会」が設置され、議論や審議が行われました。

区民への意見公募や行政需要を勘案した結果、区民になじみが深く、交通等も至便の位置にある区役所旧庁舎の跡地に整備することになりました。そうして、27年11月に「高齢者総合サポートセンター　かがやきプラザ」が開設されました。

かがやきプラザの概要

(仮称)高齢者総合サポートセンター基本計画(平成23年10月)におけるかがやきプラザの基本理念、基本方針、備える機能は次のようになっています。

【基本理念】

① 高齢期に感じる不安を解消し、安心して生活が続けられるよう支援する施設とする
地域の介護保険事業所や医療機関と協議を進めながら、病院との合築の利点をいかし、都心部における新しい発想の試みとして、介護と医療が連携した仕組み「在宅療養支援ネットワーク」づくりに取組んでいく
② その人らしさが発揮できるような活動や出会いの場がある施設とする
元気な高齢者がいきいきと、いつまでも元気でいられる環境づくりや支援を行う

【かがやきプラザが拠点として備える機能】

① 高齢者の相談拠点
② 在宅ケア(医療)拠点
③ 高齢者活動拠点
④ 高齢者ケアに関する人材育成・研修拠点
⑤ 多世代交流拠点
関連機能…社会福祉協議会、ボランティアセンター、シルバー人材センターについては相談・活動拠点を中心に連携を図っていくため、施設内に移転し集約している

【基本方針】

① 親しみやすく、訪れやすい施設づくり
② いつでも安心を感じられる施設づくり
③ 場所と環境をいかした魅力づくり

【かがやきプラザ　施設紹介】

	高齢者総合サポートセンター	九段坂病院
14階	機械室等	
13階		健診センター、レストラン等
7〜12階		病棟
6階		医局、病院事務室等
5階	高齢者活動センター	リハビリテーションセンター
4階	高齢者活動センター 研修センター 千代田区社会福祉協議会 ボランティアセンター 千代田区シルバー人材センター	
2・3階		外来・検査・手術部門
1階	相談センター（在宅支援課） ひだまりホール	総合案内 医療相談室（医療連携室）

　1階の相談センターは区の在宅支援課が移転して運営しています。対象は65歳以上の区内在住者とその家族です。相談機能は従来、在宅支援課や2つの高齢者あんしんセンター（地域包括支援センター）が行っていました。かがやきプラザの相談センターが24時間365日相談を受け付けるとともに各地域包括支援センターの中心となり、地域の困っている人と相談機関をつなぐ役割を担います。担当者は「中心＝上という意味ではなく、かがやきプラザで相談を受けるが、継続的支援が必要になれば地域包括につなぎ、地域包括が開いていない夜間や休日にも対応できるという面でかがやきプラザがカバーしていく。住民にとっては相談のバックアップが増えたイメージ」と話します。

　4、5階の高齢者活動センターは、60歳以上の区民を対象にした無料の施設で、健康づくり事業のほか、健康相談も行っています。5階には、浴室、機能訓練室、娯楽室があります。また、新たな趣味の発見や生きがいづくり、仲間づくりを行う同好会もあり、フラダンス、ゴルフ、カラオケ、書道など、約60団体が活動しています。元気な高齢者の活動拠点は、従前利用者が固定されている等の課題もありました。今後高齢者が増加していくことをふまえて、新しい利用者でも馴染めるように高齢者が使いやすい施設づくりや、多世代交流機能の充実により、より地域住民にとって身近な拠点施設の実現をめざします。

　担当者は、かがやきプラザについて「在宅生活をしている高齢者やその家族に不安や悩みがあったときでも"あそこに行けば大丈夫""何かあってもあそこがあるから安心"と思ってもらえるような場所にしたい」と話します。

【基本機能1】 高齢者の相談拠点

- 区内在住の高齢者及びその家族、関係者からの、生活や介護等様々な内容の相談に対して、24時間365日いつでもワンストップで対応することで高齢者に安心を提供。
相談の内容によっては問題解決に適した専門相談のコーディネートを行い、保健所や社会福祉協議会等の関係機関が実施する専門相談などとも連携、協力することで高齢者が抱える各種の問題に対し、充実した専門相談を実施できるよう体制を整備している。
- 介護や在宅福祉サービスの手続き等についてできるだけ1か所でできるよう受付・対応を行う。
- 介護だけでなく医療も必要な高齢者に対し、病院の医療相談室（医療連携室）と連携・協働し、在宅療養者の緊急時対応、退院時に在宅療養につなげるカンファレンス等をはじめとする支援など、在宅における介護・医療の連携支援や各種サービスのコーディネートを行う。

【基本機能2】 在宅ケア（医療）拠点

- 地域の介護保険事業者や医療機関等と協力しながら、高齢者の在宅療養を医療と介護の両面から総合的に支援する。かかりつけ医等が対応困難な際の支援やバックアップ機能として緊急入院や訪問診療等を実施する。医療相談室（医療連携室）等により医療相談に応じる。
- 訪問リハビリテーション、通所リハビリテーションなどを充実させ、在宅療養者の心身機能の維持・回復を目指す。医療機能としての急性期・回復期リハビリテーションから、介護保険の維持期におけるリハビリテーションまで、総合的・継続的なリハビリテーションを提供する。
- 在宅療養の拠点となる病院として、地域の医療機関や介護保険事業所と連携し、区内の在宅療養支援ネットワークの一翼を担い、千代田区の地域医療向上に資する。

※九段坂病院が設置主体・事業主体として事業を運営する。

【基本機能3】 高齢者活動拠点

- 健康増進・介護予防、教養の向上、レクリエーションなどの機会・場を総合的に提供。生きがいづくり、仲間づくりを支援するため、高齢者が主体となって活動する場を整備し、高齢者の自主活動の活性化を図る。具体的には各種同好会の活動拠点として施設を開放し、同好会の活動や立ち上げを支援する。また、社会福祉協議会やボランティアセンターと協働する。
- 新規利用者にも利用してもらえるよう設備の機能向上や充実を図る。また、利用者の固定化を解消するために幅広い参加を目指したプログラムを実施する。

【基本機能4】 高齢者ケアに関する人材育成・研修拠点

- 介護・医療に関する知識や技術の向上を図るための企画や研修を行い、介護人材を育成し質の高いサービスを確保する。介護職員だけでなく家族介護者や一般区民の介護に対する知識の向上を目指す。
- 求人・求職情報の提供や、介護資格取得の支援等により介護人材の確保を行う。また、元気な高齢者の生きがいづくりや社会参加も視野に入れ、ボランティア活動について斡旋・調整する

【基本機能5】 多世代交流拠点

- ひだまりホールの活用等を通じて多世代が集まりくつろげる空間を確保する。多様な区民ニーズにこたえ、様々な事業を実施しながら、日常的に多世代が集い、出会い、関わることができる場と機会を提供する。
- 大規模災害時には「災害ボランティアセンター」としてボランティアの受入れ、活動の調整などの本部機能として活用する。

さまざまな関係機関が集約されるメリット

千代田区社会福祉協議会、ボランティアセンター、千代田区シルバー人材センターについては、相談・活動拠点を中心に連携を図っていくため、これまであった区内の別の場所からかがやきプラザの4階に移転し運営しています。これらの機能が1つの場所に集約されたことで、元気なときから医療や介護が必要になったときまで、一人ひとりに合わせて健康の保持・増進、教養の向上に資する機会を継続的に提供することができます。そ

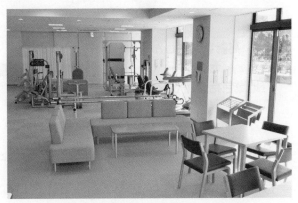

内観。写真は5階高齢者活動センターの談話室と機能訓練室（千代田区提供）

して各機関との連携を強化するとともに、高齢者の活動、相談や支援、介護に関わる人材の育成面においてさらなる支援の充実が期待されます。

社会福祉協議会は、今まで地域と関わってきた実績を活かし、社会貢献意識を持つ高齢者やボランティア活動を通して地域とつながりを求める高齢者などに多様な活動の場を提供します。また、多世代交流拠点において、さまざまな世代が出会い、関わり、交流することで若い世代にも介護に興味を持ってもらえるきっかけをつくることが期待されます。

さらに、社会福祉協議会が新たに運営する研修センターでは、専門職のみならず、区民向けの講座や研修等も実施しながら、区民の在宅療養への理解を高めるとともに、潜在している専門職の復職を支援する取組みなど、人材確保に係る新たな事業展開などが期待されます。

高齢者総合サポートセンターを中心とした千代田区の地域包括ケアシステム

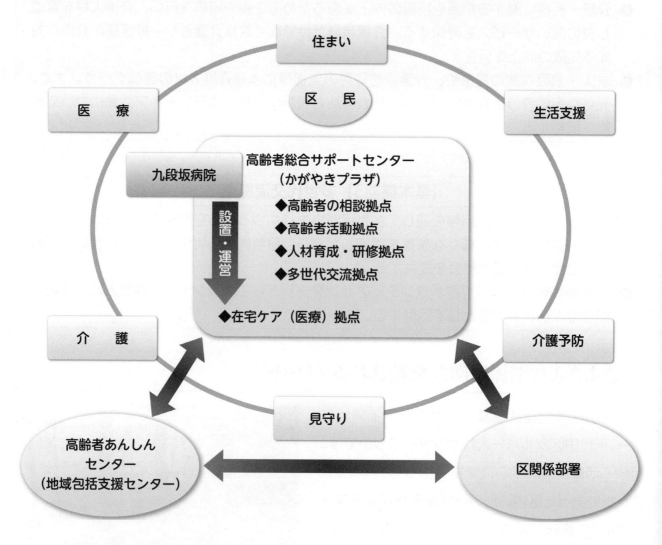

　千代田区の地域包括ケアシステムは、かがやきプラザを中心にして、地域の医療機関や介護事業者等と協力し様々な主体、職種で連携しながら、高齢者をはじめ地域住民の生活を支えます。

　今後、かがやきプラザは多世代交流拠点の機能等を活かして、高齢者にとどまらず子育て家庭の支援など、さまざまな立場の地域住民へ対象を拡大した地域包括ケアの中心としての可能性が広がっています。

　地域の高齢者がかがやきプラザの機能を利用しながらいつまでも住み慣れた地域で安心して過ごせるよう、これからも地域の実情に合わせた運営が期待されています。

東社協「改正介護保険対応プロジェクト」設置要綱

1 目的
　介護保険法改正をふまえて、区市町村における生活支援サービスのあり方が課題となっている。
　区市町村における介護保険事業所、NPO、ボランティア団体、社会福祉法人等の多様な主体によるサービス提供のあり方を検討するため、局内プロジェクトを設置する。社協、地域包括支援センター、民生児童委員等のネットワークを活かした支援体制について検討を行う。

2 検討項目
　地域包括ケアシステムの構築や生活支援サービスの提供にかかわる部署による局内プロジェクトを運営し、区市町村における支援の構築に向けた提案の検討を行う。
　（1）検討テーマ案
　①地域包括ケアシステムの構築や、区市町村における生活支援サービスの提供に関する各部署の取組み状況の共有
　②区市町村における生活支援サービス等のヒアリングの実施・事例集の発刊
　③生活支援コーディネーターの活動のあり方について
　④その他

3 設置期間
　平成27年4月22日～平成28年3月31日

4 構成メンバー
　座　長　　小　島　敏　則　　（総務部長）
　　　　　　近　藤　優　美　　（地域福祉部　地域福祉担当主事）
　　　　　　藤　原　孝　公　　（福祉部　高齢担当統括主任）
　　　　　　本　多　由加里　　（民生児童委員部　東京都民生児童委員連合会事務局主任）
　　　　　　長谷部　俊　介　　（東京ボランティア・市民活動センター副所長）
　事務局　　森　　　純　一　　（総務部　企画担当統括主任）
　　　　　　吉　原　淳　二　　（総務部　企画担当主事）
　　　　　　竹　川　友　美　　（総務部　企画担当）

5 座長
　本プロジェクトに座長を置く。
　（1）座長は総務部長とする。
　（2）座長はプロジェクトを代表し主宰する。

6 事務局
　本プロジェクトの事務局は総務部企画担当が行う。

東社協BOOKガイド

介護保険制度とは…〔改訂第13版〕

本冊子は、2014年6月の介護保険法改正をうけて作成しています。2015年度からの見直しに対応。制度をわかりやすく図表を交えて解説している小冊子です。制度の内容を理解するために、また、地域や学校での学習会等での資料にぜひご活用ください。

- ○介護保険制度はどう変わった？
- ○介護保険制度ってどんなしくみ？
- ○標準的なサービスの流れ
- ○介護サービスを利用するには？
- ○どんなサービスが利用できるの？
- ○地域包括ケアシステムとは？
- ○サービス利用は「契約」が基本
- ○サービスの利用と選択を支えるしくみは？
- ○苦情はきちんと受けとめてもらえるの？
- ○サービスの担い手はどのように育成されているの？
- ○サービスを提供するのは誰？
- ○事業者の経営基盤はどうなっているの？
- ○保険料はどれくらい？利用者負担が軽減されるのはどんなとき？
- ○サービスの見込み量や保険料はどのように決まるの？
- ○介護保険革はどう変わってきたか？

制度をわかりやすく図表を交えて解説している小冊子です。

A4判／32頁
400円（+税・送料別）

高齢者福祉施設
生活相談員業務指針'16
～根拠に基づくソーシャルワークの実践～

生活相談員の役割はいままで以上に重要なものとなり、利用者、家族、地域住民、他機関など多くの人々と関わりあいながら、良質なサービスを提供しなければなりません。生活相談員業務指針'16はそのための基本となる行動や方法論を示した手引書となっています。状況に即してどのように対応すべきかを説明したもので、これは生活相談員の行動を明文化して全体に一貫性のある行動がとれるよう示したものです。

A4判／434頁
3,500円（+税・送料別）

お問い合わせ・申し込み先

東京都社会福祉協議会 図書係

〒162-8953　東京都新宿区神楽河岸1-1
TEL　03-3268-7185（直通）
FAX　03-3268-7433
http://www.tcsw.tvac.or.jp/

※ホームページに多数、福祉の本を掲載しています。オンラインでも注文ができます！
新刊情報は、週1回発行のメールマガジンで配信しています。
また、東社協Facebookでは様々な福祉情報を発信中！ぜひご覧ください‼

新しい総合事業の推進のための取組み事例集
～専門機関と協働した住民主体の地域づくりと介護保険～

平成28年5月

監修／太田　貞司
　　　（神奈川県立保健福祉大学名誉教授・日本介護福祉学会会長）

発行／社会福祉法人　東京都社会福祉協議会
　　　　　　　　（総務部企画担当）
〒162-8953　東京都新宿区神楽河岸1-1
電　話　03（3268）7171
ＦＡＸ　03（3268）7433

印　刷　大東印刷工業株式会社

ISBN978-4-86353-231-1
C3036 ¥1000E

東京都社会福祉協議会
定価 本体価格 1,000 円＋税